如何思考

下

Their Liberal Arts and Their Enduring Value

用“自由技艺”方法解决生活工作中的难题

HOW TO THINK

[美]
迈克尔 D.C. 卓特
Michael D.C. Drout
著

中国青年出版社
CHINA YOUTH PRESS
中青文传媒

图书在版编目（CIP）数据

如何思考：用“自由技艺”软技能解决生活工作中的难题 /（美）迈克尔·D. C. 卓特著；刘琳红译.
—北京：中国青年出版社，2018.7
书名原文：How to Think: The Liberal Arts and Their Enduring Value
ISBN 978-7-5153-5120-9
Ⅰ.①如… Ⅱ.①迈… ②刘… Ⅲ.①学习方法 Ⅳ.①G791
中国版本图书馆CIP数据核字（2018）第102959号

如何思考：
用“自由技艺”软技能解决生活工作中的难题

作　　者：〔美〕迈克尔·D. C. 卓特
译　　者：刘琳红
责任编辑：肖　佳　任　悦　黄　辉
美术编辑：李　甦
出　　版：中国青年出版社
发　　行：北京中青文文化传媒有限公司
电　　话：010-65516873/65518035
公司网址：www.cyb.com.cn
购书网址：zqwts.tmall.com
印　　刷：大厂回族自治县益利印刷有限公司
版　　次：2018年7月第1版
印　　次：2021年4月第3次印刷
开　　本：787 × 1092　1/16
字　　数：143千字
印　　张：11.5
京权图字：01-2018-0401
书　　号：ISBN　978-7-5153-5120-9
定　　价：39.00元

“自由技艺学科也许是有生命的，而且会生生不息。”

——谨献给马萨诸塞州惠顿学院的师生们

CONTENTS
目 录

序：自由人的大学问

万维钢（科学作家，“得到”APP《精英日课》专栏作者）

你面前这本书叫《如何思考》，在我看来这个书名有点太过低调了。这本书说的是一个特别重大的题目，叫“liberal arts”，我把它翻译成“自由技艺”。我们中文世界对这个题目的重视程度，还远远不到位。

在中文世界，人们常常把“liberal arts”译为“人文学科”、“通识教育”、“素质教育”、“人文教育”、“博雅教育”等等 — 可是在我看来，所有这些“学科”和“教育”，都把自由技艺这个概念给矮化了。

自由技艺不是为了训练一个能歌善舞的漂亮小孩，不是为了熏陶一个多愁善感的文艺青年，也不是为了武装一个中年危机的油腻大叔。

自由技艺，是最正统的西学，其地位在工程、医学等一切应用学科之上，它原本是一种最高级的学问——统治者的学问。

1. 统治者七艺

自由技艺原本是古罗马时代的一套课程，是“自由的人”应该掌握的学问。“自由”这个词，对今天的人来说有点无感，因为所有人都是自由的。而对古罗马人来说，“自由”的意思非常明确——那就是说你不是一个奴隶。

你不是奴隶，你有权直接参与社会事务和公共政治，而且你还要管理奴隶。这才叫自由。这样的人，应该掌握什么技能呢?

中国春秋时代的贵族有必修的技能，比如孔子说的“六艺”。西方自由技艺在历史上有个演变的过程，到中世纪被确定为七个项目。可以称为“七艺”。这七艺中，前三项被当时的学生认为是比较简单的项目，叫Trivium（现代英文“trivial”这个词，就来自这里），后四项则叫做Quadrivium。

这七个技艺，说白了，其实都蕴含着统治者的统治之道——

1. 文法。其实就是拉丁文。拉丁文在古代欧洲是各国通用的上层语言，而英语、德语都只能算是方言。掌握拉丁文，你才能参与国际交流——就好像现代人应该学普通话和英语一样。

2. 逻辑。掌握逻辑，你读什么东西才能读懂。

3. 修辞。学修辞的最主要目的是为了说服别人，施加自己的影响力。

4. 算数。作为贵族，你得管理财产。

5. 几何。涉及到严密的推理，而且你需要对建筑有所理解。

6. 音乐。音乐被视为与世间的法则有关。

7. 天文学。其中包括了占星术。音乐是人世间的法则，天文则是自然界的法则。

时至今日，西方大学里自由技艺的科目已经有了各种变化，比如自然科学类的课程有时候不算自由技艺，单独拿出去，而历史、文学、艺术这些内容则被加进来。我们常说的“人文学科”，对应英文叫humanities，可以视为是自由技艺教育的一部分。自由技艺中还包含了像社会学、心理学、人类学这些普遍使用现代科学方法的学问。

我们中国的大学分成文科和理科，隐含的目的都是培养“专业”

的人才——文科生从事商业、法律、文案之类的工作，理工科生从事工程师、科学家之类的工作，各自都只是一种分工而已。而西方的自由技艺，要点恰恰是不分工。自由技艺并不为任何具体的职业做准备，而是培养一个完整的人。美国有些专门教自由技艺的大学，学生学四年自由技艺，毕业以后再去学医学法律之类。一般综合性大学也要求学生必须花上至少两年时间学习自由技艺。

今天已经没有奴隶了，也没有那么多统治者，那自由技艺培养的什么人呢？是具有自由意志和独立人格的人——我看也可以说是“拒绝被统治”的人。

自由技艺是比专业技能更高级的知识。往小了说，自由技艺是“软实力”；往大了说，自由技艺是“屠龙术”。

2. 三大技能

几年前华尔街日报有个针对美国各大公司的调查统计，说有93%的公司认为，有三个来自自由技艺的技能，比大学里任何专业知识都重要。这三个技能是批判性思维、交流、和解决问题。

所谓“批判性思维”，就是对一个事物进行分析、判断和评价的能力——最简单地说，就是你能不能独立思考。

比如说，秦朝灭亡是中国历史上的一个大事件，我们的历史课对这个事件的学习重点和考点都是什么呢？可能是事件发生的时间、参与的各方势力和人物、后来人对秦朝灭亡原因的分析之类 — 这些都是有标准答案的。这就不叫批判性思维。

批判性思维，是你得自己给秦朝灭亡原因提出一个说法，然后找各种证据来支持你的说法。如果是面对别人的分析，你就得能对这个分析进行“批判”：他的证据充分吗？逻辑链条完整吗？有没有偏见？反方的说法有没有道理？有这样的能力，你才能在真实世界中独当一面，而不是人云亦云。

所谓“交流”，在这个时代我们已经知道很多了，比如说“说服力”、“影响力”、修辞技巧，演讲技巧等等。这里我们特别强调一点：风格。

风格，是一种非常人性化的东西，它的反义词是机械化。比如同样一个笑话，或者一句特别经典的话，某个知名人士说一遍可能效果就非常好，而你如果接下来照着他学一遍，那就完全不好使 — 你就是机械化的模仿，你没有自己的个人风格。

说服别人，不能用写学术论文的方法，期待用一大堆数字图表去碾压别人，那样别人只会反感，当你是个机器人。没人愿意听机器人的，人们喜欢有风格的人。“我喜欢你的风格”，这简直就是对人最高级的评价。

可是个性不等于任性。只有通过自由技艺的训练，你对文化有了充分的了解，知道人性是怎么回事儿，掌握各种套路，你才能非常自然地跟别人产生感情上的共鸣。我们看有风格的人，不管是引经据典还是吹拉弹唱，反正他一上来几句话就能打开局面，这就是学习过自由技艺的作用。

所谓“解决问题”，可不是求解一个什么数学方程，而是在复杂世界中解决一个具体的问题。这种问题的难度并不在于有了方程怎么解，而是你根本不知道该用哪个方程！

以这本《如何思考》的作者迈克尔 · 卓特的说法来说，自由技艺解决问题的一个重要办法，如果套用计算机科学的术语，叫做“模式识别”。用我们中国人熟悉的说法，大概应该叫做“定性”。

比如说公司有个下属犯了一个错误。你怎么定性呢？这只是一个偶然事件呢，还是代表了一个坏趋势必须马上遏制？你要从不同的角度观察，了解不同的细节，采取不同的手段，自由技艺里面都有各种历史经验可以让你借鉴。你应该学刚刚打赢官渡之战的曹操，把这个事情忽略掉，来稳定人心呢？还是学“梦中杀人”的曹操，高调处理，来给自己立威呢？

这些经验和套路，不但没有标准答案，而且可能是互相矛盾的，但是你反而要多掌握一些，才能灵活运用。自由技艺，就提供了这么一个装有各种套路的工具箱。

有了批判性思维，你就能建立正确的认识。学会交流风格，你就能让别人接受你的认识。再加上一箱子解决复杂问题的手段，就算不去统治人，也不至于被人统治吧？

3. 人文的价值

近代的中国人，在潜意识之中，似乎是觉得所谓“素质教育”，是政府和社会的要求，不是个人的事儿。好像花时间学习人文艺术是一种牺牲一样——我牺牲了学习赚钱本领的时间，来参加素质教育，无非是想把自己变成一个好人，让政府和社会对我放心。

可是在西方学者眼中，自由技艺，恰恰是为自己学的。

事实上，根本没有任何证据表明学习了自由技艺就能把你变成一个好人。一个人就算掌握了批判性思维、学会了说服别人，还能随心所欲地达成各种目的，他完全可以使用这套方法玩转世界，摆弄人心，甚至奴役别人。我们看西方有很多人文修养很高的人根本就不是好人，纯粹是流氓会武术。

那这个武术是怎么用的呢？比如说学习文学艺术，我们一般会说这是为了“陶冶情操”，可陶冶情操又是为了什么呢？难道是为了美容吗？

文艺教会我们使用主观视角。在某一个具体的时刻，站在某一个具体的立场，当事人是一个什么心情？这些体验难以用实验量化，各不相同，没有标准答案，所以才叫做“艺术”。通过文艺作品了解别人的视角、观点和体验，我们才能理解别人，进而理解自己。

当前这个时代特别流行“大数据”、“算法”这些概念，很多人试图用机械化的方法理解和解决一切问题。而最近几年，美国一个重要思潮，就是有很多很多问题是不能用算法和大数据解决的。

比如战略咨询顾问克里斯汀 · 麦兹伯格（Christian Madsbjerg）在2017年出版的一本新书《意会：人文学科在算法时代的力量》（*Sensemaking: The Power of the Humanities in the Age of the Algorithm*）中举了一个真实的例子。福特公司想要进入发展中国家的新兴市场，它应该定位什么样的卖点呢？如果用大数据的方法，你就得不预设任何立场地设计很多款不同的车型，在各个国家做销售实验，看哪个车型好卖就批量生产哪个。但是这根本不可行 — 车型变化的灵活度太大，你不可能测试五百种不同的车型，而且你根本没有时间和金钱去做这种实验。

麦兹伯格的做法，是“意会”。他说你深入理解当地的文化，从文化角度去判断消费者可能喜欢什么样的汽车。

在大数据越来越普及、人工智能即将大行其道的时代，自由技艺提供的这种“意会”能力，反而越来越值钱了。

4. 趋势

学习自由技艺不是为了就业，可是自由技艺这个软实力在美国的就业市场上反而很受欢迎。一项针对美国公司的统计说，现在最受欢迎的专业中，排第一的是工程和计算机科学，欢迎度是34%；排第二的就是自由技艺，欢迎度高达30%。

纪实作家乔治 · 安德斯（George Anders）2017年的一本新书《你能做任何工作："无用的"自由技艺的惊人力量》（*You Can Do Anything: The Surprising Power of a "Useless" Liberal Arts Education*）说，最新的调研数据显示了一个趋势，现在美国的就业市场中新创造的岗位中，文科生的优势越来越大。

从2012年到2016年，美国新创造了1010万个工作岗位，其中只有5%——也就是541,000个岗位是在计算机相关的领域。就算你把所有和互联网、计算机相关的技术岗位加在一起，也不到10%。剩下的90%的新工作，大部分都和"文科"有关系——也就是需要和人打交道的工作。比如说"市场研究员"，新增了55万个就业岗位，四年增加了30%，比程序员都热门。类似的还有咨询、教育、娱乐业等等，都不是纯技术的工作。

这些工作要想做好，你在大学里可不能学什么会计、管理之类的"商科"。你应该学历史、人类学、社会学、艺术史、哲学、政治这些自由技艺课程。学习自由技艺，你一毕业的起薪不会很高，但是发展潜力大。华尔街投资银行合伙人中有相当比例是学哲学出身。各行业工资最高的人中，政治、历史和哲学出身的人占据最显眼的席位。

所以这个趋势是，机器越厉害，只会机械化技能的人就越廉价，自由技艺就越值钱。

那我们的大学教育对这个趋势做好准备了吗?

2015年有本影响力很大的书叫《优秀的绵羊》，作者是耶鲁大学前助理教授威廉 · 德雷谢维奇 — 德雷谢维奇认为，连美国名校都没有做好这个准备。学生和大学系统都太过关注考试分数、获奖证书、体育项目、选修课之类“可见”的成绩，而不注重真才实学。德雷谢维奇甚至说与其上名校混学历，还不如去一个专门教自由技艺的小学院学四年 — 而事实证明，这么做就业前景非常好。

那我敢说，中国的大学更没做好准备。中国传统的文理分科制度早就过时了，而我们对自由技艺的认识还停留在“素质教育”这种儿童思维。

卓特这本《如何思考》是对自由技艺教育的一个全面描述，希望这本书能打开中国读者的视野。并不是学习专业技能才叫学习。劳心者治人劳力者治于人，自由技艺是劳心者的学问。这套学问的现代西方版本，跟中国古籍说的那些传统智慧非常不同。把自由技艺和现代科技结合起来，你就是未来最精英的人才。

前 言

INTRODUCTION

发现自由技艺的价值

有这样一类人，他们在成年后开始信仰某种宗教，其狂热程度不比天生信教的人小。人们会说：那个人有着“皈依者的热忱”。这种说法恰到好处地描绘了我对自由技艺[1]的感受。这是因为，起初我并不是学自由技艺的，我毕业于凭借理工科闻名遐迩的匹兹堡卡内基梅隆大学。

我本人既不是工程师，也不是科学家，但我身边有许多工程师朋友，他们对握手这些社交礼仪和“模糊”的论述总是很不耐烦，认为自然界不会容忍误差或者不近完美的假设，这些都是我在大学期间所了解到的。他们的这些想法对于培养严谨思维是非常有益的，但同时

① 请注意，这里讨论的“自由技艺”，将集中于西方文化中这些学科的历史和发展，主要讨论过去2500年间欧洲、北非和北美的自由技艺。当然，如果能把这本书的论证与对于高度复杂的东方文化传统中那些相似的学科所做的类似分析结合起来——包括中国、日本和印度的文化传统，将会非常有用，但这样的工作就超出了我的能力范围。也许，研究那些传统的学者们会受到些启发，进而创建这样一个综合性分析，就会为人类文化的研究工作做出巨大的贡献。

也有一些弱点，因为有些事情是工程师和科学家无法做好的，有些问题也是他们在有意规避的。随后我在斯坦福学习新闻专业，发现这一专业也有其典型的弱点。我很快发现自己讨厌在探讨某个主题时依附于和“专家”的简短对话，相反我更喜欢自己在图书馆里研究某个主题，竭力找到复杂的真相，而不是对事实强行进行压缩，使其能够套上几个有限的叙事模板中的一个。于是，我离开了新闻专业，转而到了学术圈，首先师从密苏里大学的约翰 · 迈尔斯 · 弗利教授研究口传文学，随后，我在芝加哥洛约拉大学艾伦 · J. 弗兰岑教授的指导下完成了有关中古英语的博士研究工作。在十一年的高等教育生涯里，我曾在宾夕法尼亚州的一所以工科著称的学校学习过，这所大学被称为“泛常春藤”菁英学府，同时也是一所位于城市里的罗马天主教会学校。对于那所独具一格的学府，有一个校区我从未进去过，那就是规模很小的人文学院。

然而，到马萨诸塞州惠顿学院应聘工作时，刚到那里不到半个小时，我就意识到：这就是我一直以来苦苦找寻的学习环境。在惠顿学院，每个人都发自内心地在关注文学、艺术、哲学和科学。对于这个世界、生活在其中的芸芸众生、其一言一行一举一动，以及所有这些事物之间是如何产生关联的，惠顿学院的师生们在寻求一种统一的理解。他们相信一定存在这样一个能解释万物的形而上的终极理论。

就这样，我找到了自己的归宿。二十年后，我仍怀着当时的初心，怀着皈依者的热忱，进而成为人文精神的传道者，因为我始终相信，这些学科对于工作和生活的成功是至关重要的，自由技艺必然是开启成就和幸福的金钥匙。然而，热情本身并不能让人信服。事实上，当一个人言谈之间流露出过多的情感时，那恰恰说明你不应该相信那个人，因为对方也许过多地依赖情感而不够理性，这也是为什么我在前言中尝试把我的情感设定在教育之旅的情境中。对于我的教育历程，我最终认识到：**每一个学科的教育最终都是在学习有效的思考方式。**对比其他培养有效思考方式的途径，最后我得出了这样的结论，即自由技艺在这方面价值尤其之大。刚看这本书时，也许你会觉得我对自由技艺的拥护过激了，甚至怀疑我的这种说法，是因为我的生计有赖于那样一些人们，他们认为自由技艺很重要进而付钱给我，让我来教他们的孩子。然而，读到最后，你会发现：无论怎样，我都明白了自由技艺的价值。说到这里，我要承认有一些相反的言论起初会很有说服力。我在卡内基梅隆的许多朋友都成了非常成功的工程师和商人，他们不止一次说过，英语和其他文科比较"肤浅"。他们说得太轻松了。在文科课堂上，你想说什么就说什么，而理工科则需要严谨的逻辑。在商业领域、政府机关（和工程类院校），也有许多人认为，自由技艺是一种奢侈，因为其教育费用很高，却不能带来立竿见影的回报。因此，相对而言，对于自由技艺的投入是对时间和资源的浪费，还不如将其投入到可以马上带来物质利益的其他学科（科学、工程和医学）。还有一种很有说服力的观点，在当代美国，自由技艺下的一些传统学科都已经被某些党派政治取代了，如果不是党派政治，换作其他政治或者根本没有政治，人们的日子还会好过些。

我们应该很严肃地对待这些批评。尽管像我们这些靠教自由技艺来谋生的人也许还对这些批评抱有各种幻想，但这些批评不是"雅虎"[①]

①"雅虎"（Yahoo）一词是由18世纪的讽刺作家乔纳森·史密斯杜撰的，在他的小说《格列佛游记》中，他把这个词作为一个想象出来的野蛮物种的名字（显而易见，他指的是人类），这一物种必须为被称为"Houyhnhnms"的智慧之马做苦力。

或者某些傻瓜杜撰出来的，而是那些才智超群的人给出的。诚然，针对自由技艺最强有力的批评，恰恰来自于那些曾经是重要教育研究机构的人，因而他们才知道自由技艺教学和研究真正的运作机制是怎样的。所有的这些批评也因此统统命中要害，值得我们审慎地回答，而不是由我们一概地予以反驳。因此，在这本书里，我也将试图解决这些问题，希望沿袭自由技艺最好的传统，针对自由技艺是如何兴起与发展的，以及在当今世界，自由技艺如何发挥作用这些问题，逐步构建人们的理解。最后，我认为：我们可以从这些批评中收获良多，认真地看待这些批评，并回应他们找到的问题，我们就能构建更加强大、更加有用的自由技艺传统。

除此以外，我们还将在本书尾声详尽地回答下面这个问题，即“自由技艺究竟对什么有益”。对此，我现在就可以给出一个简短的答案：**自由技艺教人们如何思考，进而如何解决复杂问题，这类问题极其重要，但以我们当前的知识储备，使用特定学科的方法又不能轻易地解决**。学会如何思考，其中一个非常重要的内容就是学会区分断言与论证，给出某些断言的人事实上是在说“相信我，我说的是真的”，而论证是指，你通过逐步推理和给出论据得出的结论。虽然我对自由技艺的价值的言论，迄今为止，也是个断言，但随着论述进一步展开，我会给出证据并解释我的推理过程，这一断言就会变成论证。

像这样一个展开了的论证，首先需要做一个计划，即组织材料的框架，我认为，最好要预先告诉读者你的论述要进行到哪一步，因为这样做的话，从一开始，每一条论据的作用就是显而易见的。这本书的行文计划是这样的：第一章，介绍自由技艺的背景，了解自由技艺起源于哪里，其最终如何发展成了今天的形式，哪类学科归属于自由技艺的范畴。这一追溯其发展史的讨论将一直延续到第二章，但会出现一个转折，因为我们将探讨我们今天所谓的理科是如何从文理学科中分离出来的。我们将尝试解释分离发生的原因，也将知道理科的独立对于文理学科范畴下剩下的那些学科有着怎样的意义。第三章中，我们将审视，随着一些学科被某些特定的群体有目的的使用，文理学科为什么会进化。的确，英语“Liberal”（自由的）一词来自拉丁语liber，意思是“free”（自由的），其不仅仅意指“不是奴隶”，还指“统治其他人的人”。教授孩子自由技艺的人希望这些学科能够帮助孩子们去统治他人，他们这样想的确有些道理。第四章将超越上一章的“统治”，转而研究自由技艺能否让你成为更好的人，也许更加重要的是，自由技艺能否让其他人成为更好的人。自由技艺所使用的一些方法确实能够提升个体和其所在的社会群体，就是第五章要讨论的重点，我们将看到自由技艺是如何帮助人们解决复杂的、棘手的、不明朗的问题的，以及自由技艺是如何保存和传承文化的，文化也是帮助人们解决棘手的、不明确的问题的诸多途径之一。

我们将在第六章进行案例分析，来看一看自由技艺如何处理特别复杂且又让人困惑的人类文化的某一面：伟大的古英语叙事长诗《贝奥武夫》在过去的两个世纪里一直都是许多学科深入研究的重点。《贝奥武夫》研究是我最了解的自由技艺下的一个分支，因此我可以更好地解释，不同的学科是如何相互发生作用，进而帮助我们理解复杂、混乱且模糊不清但美丽的事物的，我们将了解自由技艺是如何从繁杂混乱中产出知识的。

在进行了论证并用案例分析验证结论之后，我们将转向自由技艺存在的问题和弱点。在第七章，我将针对自由技艺给出我自己的批判。

在第八章，我将介绍其他人的批判并向读者展示我是如何回应这些批判的。最后一章将为自由技艺辩护并歌颂其影响深远的优秀传统，这一传统可以追溯到几千年前，与其他人类文化并行发展，我相信，只要这个宇宙有人类存在，人文精神的传统就是宝贵的。

CHAPTER

1

自由技艺的起源

什么是自由技艺

“自由技艺”（The Liberal Arts）**这个说法是更古老而且更具描述性的“七艺”**（七门文理科）**的简化，数百年来都被用来描述受过良好教育的人们所学习的最重要的学科。**虽然我们当下使用的术语更加普遍，只称为“自由技艺”（The Liberal Arts），而没有数字“七”，但其内涵在某些方面狭隘得多，这是因为原来七门分支学科中的三门分离了出来，称为理科，剩下的那些学科现在常被称为“人文学科”（the Humanities）。这一章我们将追溯“自由技艺”这一范畴的进化史，以及其所包含的具体学科。

自由技艺的建立当然要追溯到古希腊时代，这些学科直到罗马帝国时代才被划分到一起，并被命名为“自由技艺”（Liberal Arts）。公元47年，尤利乌斯·恺撒任命一位名为马库斯·特伦修斯·瓦罗的学者为罗马公共图书馆馆长。[①] 瓦尔罗是一位多产的作家，他最具影响力的作品就是《学科九卷》（*Disciplinarum Liberi Novem, Nine*

① 我很希望有一位伟大的格斗士图书管理员，但这里的瓦罗不是电影《斯巴达克斯》里那位有名的格斗士瓦罗。

Books of Disciplines），这部作品可以算得上是最早的百科全书。虽然瓦罗把这些主题进行了分类，但这些主题并不是他杜撰出来的。早在古希腊时代，人们就已经在学习所有这些内容——罗马贵族聘请希腊人当导师。瓦罗的最大贡献是对这些内容进行了组织整理，他想出了如何把所有这些受过教育的人一直学习的各种技能归到合理的范畴内，由此设计出了九个基础学科：文法[①]、修辞、逻辑、音乐、数学、几何、天文、医学以及建筑学。瓦罗的影响力非常大，因为他是罗马图书馆的主事者，而且他还具有强大的推理能力和写作能力，后来的学者、作家和教育家都认为这种分类是组织知识的好办法。在随后的五百年里，希腊罗马文化都是围绕这一学科分类体系发展下去的。

然而，瓦罗并没有提出“自由技艺”（Liberal Arts）这一术语。第一位在写作中使用了这个说法的人是哲学家塞涅卡，他是罗马皇帝尼罗的谋士，后来，皇帝认为他共谋了政治暗杀并将他赐死。在写给卢基里乌斯的书信中，塞涅卡字里行间表露出每个人都知道自由技艺是什么，这表明即便瓦罗没有定义，这一范畴也已经植根于人们的脑海。我们不能非常确定塞涅卡所认为的核心学科是什么，但是文中有一处在提示我们：塞涅卡所认为的自由技艺与瓦罗所认为的并不是完全一致的，因为塞涅卡说他藐视那些以赚钱为目标的领域（这似乎就排除了建筑学和医学）。塞涅卡说，某些学科——他称之为“自由学习”（Liberalia studia）——之所以被称为“自由的”，是因为这些学科“值得自由民去学习”，事实上，拉丁文“liber”的意思就是“自由的”（free）（“liber”就是英语单词自由“liberty”的词根）。

对于塞涅卡和罗马贵族而言，自由技艺是指那些自由民必须学好

① 因为我是英语语言学教授，所以会情不自禁地把文法列在第一位。

的学科，这些学科本身都与罗马帝国关于政治权力、自由和领导才能的思想相关联。我们必须认识到，对于罗马人而言，“自由”（freedom）并不仅意味着“不做奴隶”，还指具有统治他人的必要才能。自由的罗马公民至少掌管着自己的家庭成员，但在通常情况下，他也掌管着奴隶、雇工，甚至那些在公民等级制度中地位比他低的其他自由民，当然，他[①]也应该管理好自己。

下面请看看瓦罗的学科中有哪些内容对于管理来说是至关重要的。你需要具备文法、修辞和逻辑能力才能参与任何一种政治活动，参与政治活动意味着你需要能够与人沟通、做讲演并且让别人相信你是正确的。为了做到正确，你必须有逻辑地进行推理。为了管理好家务，你很可能需要记录一些事情，而且还要用到算术。你需要几何知识来计算每块土地的面积来建造房屋。[②]你需要音乐和天文知识来揭开宇宙的秘密（我们需要记住一点：对于古罗马人，天文这门学科基本就是我们今天所谓的占星术——通过星象预测未来。）自由技艺就是对一个自由人而言必须知道的东西，由此可以管理和控制自身和他人，使得所有自由公民之间能够互动，进而让人们能够管理好他们的城邦和帝国。

然而，漫长的几个世纪过去了，事随境迁，古罗马帝国日渐衰弱，新的社会现象开始影响城邦的文化生活和罗马帝国存留的一切。从410年阿拉里克洗劫罗马，到425年汪达尔人征服北非的这段时间里，一位名为马蒂纳斯·卡佩拉的学者写了《墨丘利与文献学的联姻》（*De*

---

① 这里使用“他”，是因为自由技艺的重点是，教育那些将要管理自己家庭和古罗马市民生活的年轻男性，但需要说明的是，年轻的女性贵族也接受自由技艺教育。

② 虽然古罗马贵族会雇用专业的建筑设计师和工人，但他们还是要懂得足够的几何知识以确保没有被欺骗。

Nuptiis Philologiae et Mercurii, About the Marriage of Philology and Mercury)，这本书常被马蒂纳斯称为《七艺》(*De Septem Disciplinis, About the Seven Disciplines*)。至此，公元5世纪，自由技艺的科目数量已经从九门减少到了七门。

《墨丘利与文献学的联姻》就是我们所谓的拓展性寓言：你读的是故事的表面意义，但必须认识到，作者事实上是在谈论另一件事，而且通常是比较抽象的事。就这本书而言，我们可以看到它对墨丘利和文献学联姻的描述——墨丘利代表了人们对智慧的追求，而文献学代表了人们通过文字来学习，这种学习是学习记录在书本上的内容，而不是生活经验的结果。在马蒂纳斯的拓展性寓言中，可爱的文献学小姐的女仆们分别是文法、修辞、逻辑、音乐、数学、几何和天文。她们陪同新娘参加婚礼，并祝福智慧与学习的结合，注意这里已经没有了瓦罗提出的九门学科中的医学和建筑学。在马蒂纳斯的书中，这些女仆仍需要出席婚礼，但她们不得不坐在侧面，在其他学科比如“神圣的”或者“有关宇宙的”学科说话时一直保持沉默，正如作者所说的，因为他们谈论的都是些俗事（诸如治愈病人和遮风避雨这些琐事）。

出于多方面的原因，包括偶然的运气因素，同时也受“古代晚期”后罗马时期基督教文化传统的影响，马蒂纳斯·卡佩拉以寓言形式对七门自由技艺进行的论述成为随后一千年里教育的组织原则。12世纪，所谓的“经院哲学”兴起后，教育发生了一些变化，但即便在那个时候，马蒂纳斯的“七艺”仍然占据重要的地位，他的著作直接对欧洲文艺复兴产生了巨大的影响（也间接地影响了我们今天的教育体系）。尽管马蒂纳斯的古代晚期拉丁语晦涩难懂，里面充满着古怪的隐喻、生僻的词汇、奇异的句法和对希腊语生硬的翻译，但他的影响是引人注目且极其深远的。也恰恰因为这一点,《墨丘利与文献学的联姻》的文本内容在其出现后的一百年间被破坏得一塌糊涂，因此不得不由后来的学者们对它进行修复。

马蒂纳斯提出的“七艺”地位不可动摇，还因为这些经典学科，知识、方法和思维方式作为一条纽带从古希腊罗马时代一直贯穿到中世纪结束，从500年跨越到1500年。那几百年上千年之所以被称为“‘中’世纪”，是因为，这段时间是在古典时期结束后与文艺复兴时期希腊拉丁文化复兴前。虽然我们普遍认为，中世纪文化与其前后两个时期的文化截然不同（也确实如此），但这几百上千年在很多事物上也是有其延续性的，其部分原因是拉丁语仍然是欧洲的通用语言。关于这一延续性最核心的内容就是七门自由技艺（“七艺”），即便在中世纪“七艺”已经被划分为两组“三艺”（Trivium，三门学科）和“四科”（Quadrivium，四门学科）。今天“Trivia”（琐事，细枝末节）这个单词就来自于“Trivium”，因为三艺被认为较四科（Quadrivium）容易，所以“Trivia”是指在接触难度大的内容之前，在早期教育中学习的那些难度较小的东西。

“三艺”由语法、逻辑（辩证法）和修辞组成，辩证法建立了一种规则而融贯的思维框架，修辞则给出了表达和说服的模型和方法。但基础学科是语法，它是通向所有知识的第一条路。

通往知识的第一条路——语法

在马蒂纳斯的寓言故事中，语法女仆是一位手持利刃的年长女性，之所以拿着利刃，是因为她要把孩子们犯的语法错误切掉。修辞是一位身着盔甲、手持宝剑、全副武装的女士，因为她能够用言辞伤害他人。这里要说明的是，她的盔甲和衣服上布满了写作手法：所有修辞格。四门学科是指算术、几何、音乐和天文学，所以，你可以说“三艺”展示言辞的意义，而“四科”是揭秘数字的世界。算术本身就是数字，几何是空间上的数字，音乐是时间上的数字，天文学是时间和空间上的数字，这就是最后才提到天文学的原因所在。“三艺”和“四科”的划分妙不可言，是正统且丰富的课程设置，这一课程设置数百年来一直运作良好，今天依然随处可见。不仅仅是惯性使然，这里面一定有很多原因促成了这一课程设置长久不变的稳定性。

其中一种解释是这些学科的逻辑递进，尤其是“三艺”。在一个有文化的社会中，语法、逻辑和修辞对任何一种教育而言都是最基础的，这些科目在欧洲中世纪尤其重要。当时，会阅读拉丁语是有良好文化修养的象征。数百年间，欧洲每位受过良好教育的人在开始学习其他东西前，都需要学习一门新的语言。如果你不能阅读拉丁文，你就不配成为一名学者或文法家。虽然这一要求为学习设置了很高的门槛，但对拉丁语的普及起到了巨大的作用。一千多年来，欧洲每位受过良好教育的人都能使用一种语言和其他任何一位也同样受过良好教育的人进行交流，各种思潮因此能够相对容易地在欧洲大陆流传开来，而且你只需要知道一门语言就可以阅读现存的所有重要书籍（希腊文的书籍直到12世纪才被带回欧洲。这就解释了为什么文法会成为“三艺”中最基本的学科：有了语法，才意味着有了用拉丁语阅读和写作的能力，才能做其他事情。）

激活大脑的武器——逻辑

然而，只掌握语法是不够的。不懂得逻辑，你便无法知道你所读的东西是不是真的。你需要了解普通大众已经知道的事情，我们是怎样知道的，哪类事情是我们能知道的，哪类事情是我们不能知道的，以及如何通过评估论据和论据的组织方式来一步步跟进论述。你还需要能够辨识错误的推理，这样就能够避免进入他人设置的错误陷阱。没有逻辑，你便不可能确定你认为自己知道的事究竟是不是事实。

一名顾客问售货员："这件上装的确是现在最时髦的吗？"售货员说："这是现在最流行的时装！"顾客说："太阳晒了不褪色吗？"售货员说："瞧您说的，这件衣服在橱窗里已经挂了三年了，到现在还像新的一样。"我们可以看到这个售货员的回答就是相互矛盾的，我们也可以运用矛盾来试探生活中的真假，利用逻辑来揭穿谎言。

说服他人的利刃——修辞

最后就是修辞，这是一门说服他人的艺术，这门技艺至关重要，主要原因有两点：正如亚里士多德所指出的，人们在进行推理时，逻辑是非常必要的，然而只要涉及其他人（在与其他人互动时），单纯的逻辑便不再是有助于做决策的唯一因素。因为他人会使用许多技巧来试图让你相信，他们的想法是对的——无论事实上对与否。你需要看穿这些把戏是什么，才能对其所产生的效果有免疫力。因此，修辞和语法、逻辑一样，是学习任何其他东西的必要基础。另外，你还需要使用修辞来对你所学的东西进行修饰处理，因为在社会上完成任何一件事，你都需要能够说服他人，证明你是对的。综上所述，你也需要拿起"修辞"的武器。

即便在古希腊、古罗马甚至中世纪的社会环境下，修辞对于个人的成功也是必要的技能。对人进行教育，是因为期待他们将来行使政治权力——这里要排除日耳曼人迁徙的早期阶段，当时统治者迫切渴求有形的暴力权力，最强大的统治者并不是有文化修养的那些人——不会修辞便无法执行政治权力。对于那些统治者来说，修辞是至关重要的工具。

中世纪的“三艺”与“四科”

在中世纪早期，相对于“三艺”，“四科”的重要性就不是那么明显了。当然，算术对于任何需要经营复杂性的组织的人来说都是必须的，因为算术对于各种规模的商业活动，甚至一家一户的财务管理都是必要的（认为中世纪社会都是以物易物而不是进行货币交易，是错误的看法）。在多数受过教育的人们的日常生活中，虽然也会用到几何，但几何远没有语法、逻辑、修辞和算术那么重要。音乐理解起来就要更复杂一点了，因为自由技艺中的音乐不是如何创作音乐，而是如何理解数学术语中的比例和对称。学者们把几何看作应用在空间上的算术，音乐是应用在时间上的韵律。而天文学——事实上要比表面上看起来难得多，只要不是用于计算小时、天数和季节，在实际中应用也很少。在中世纪，天文学中的占星术部分事实上只是专业人士才会的范畴。罗马贵族对音乐学科中研究的节奏与韵律颇为关注，对天文学科的许多特点也比较感兴趣，但当我们远离古罗马帝国的时空后，“四科”中的最后三门学科开始变得深奥难解，或许更适合专业学者的研究，不再是统治阶级教育的必要部分了。而且，在整个中世纪时期，知识领域进一步拓展——认为中世纪文化发展停滞了一千年的看法也是一个迷思，当时的新知识已经不能完全适合被归入七门自由技艺的范畴了，传统的自由技艺已经不再囊括人们想要学习的所有知识了。

不难猜测，开始取代“四科”的知识是和中世纪最显赫的文化机构基督教教会紧密相连的。宗教，作为一个研究领域，之前从未被当作传统课程的核心内容。早在西罗马帝国灭亡之前，罗马教就已经处于动荡之中，自由技艺被视为没有明确宗教目的的学科。即便马蒂纳斯·卡佩拉把他的作品命名为《墨丘利与文献学的联姻》，但墨丘利作为罗马神在作品内容中并不怎么重要（这就是学者们不确定马蒂纳斯的宗教信仰的原因之一，他甚至可能是一名基督教教徒，借用罗马神写作是为了达到某种效果）。**事实上，缺乏明确的宗教信仰恰恰是自由技艺长久不衰的主要原因，自由技艺不需要做太多改变就能够适应新出现的任何宗教。**

罗马天主教会在中世纪欧洲是唯一一个最重要的文化机构，其不仅创建了一系列的社会组织，还创立基督教思想体系，这一思想体系与自由技艺的课程并不矛盾。这一体系的运作需要普及拉丁语，因此“三艺”也是绝对必要的。然而，那时已经是12世纪了，受教育的人们需要知道的和在“四科”中所学到的有一定差距。这一差距随着12世纪一些文化变革进一步拉大了，当时，说拉丁语的欧洲在与伊斯兰学者的互动中逐渐开始恢复对希腊语的学习，那个时期的重大文化事件便是希腊、罗马和基督教哲学的融合。

起初，这一事件的影响主要是文化界的上层阶级有所感知，然而，那些被称为经院学者的知识分子的作品，却以惊人的速度开始影响整个欧洲的教育内容。虽然经院学者保留了自由技艺的框架，但他们却仿效亚里士多德，非常重视所谓的辩证法（逻辑）和雄辩术（修辞）。这种拓展了的修辞学事实上衍生了一种数百年后被德国学者弗里德里希·黑格尔定义为“正题—反题—合题”的“三段式”思想。一个人给出一个观点，另一个人提出相反的论点，随后两者进行辩论，直到唇枪舌剑后，双方给出合题，合题才是事实。

然而，有时人们通过辩论发现事实不充分，比如，人们试图弄清楚该如何确定自然之神——这是中世纪学者研究的一个非常重要的问题。你无法用物理办法衡量上帝甚至感知他，所以如果想要理性地推测上帝，必须要从其他来源上获取数据，并换一种方法进行推理。在中世纪发展起来的一种技巧就是运用类比进行论证，你会想，因为一个事物与另一个事物相似，了解了第二个事物，就能知道第一个事物。例如，如果你确认上帝就像太阳，那么，即便你不能直接收集有关上帝的数据，你所收集的有关太阳的信息仍然可以帮助你推理有关上帝的事情，然后，你会得出这样的结论，既然太阳的光亮能够让我们看见有形的物体，那么上帝一定创造了与光亮类似的东西，让我们感知神灵。[①]这种类比论证几乎可以无限拓展，中世纪晚期，许多知识界的辩论，包括一个有名的辩论——“多少位天使能够在钉子顶上跳舞”[②]——都是建立在一系列非常长的类比推理链条基础之上的。

任何学校的课程设置，就其本质而言，就是对学生在每门课上该花多少时间的一系列决策。如果花在逻辑和修辞上的时长增加了，花在理论知识上的时间也增加了，那么其他课就要让出时间。与此同时，

① 这种类比论证最极端的例子就是，《巨蟒与圣环》中著名的一幕场景——“烧死女巫”，充满了讽刺意味。作品中那些傻傻的人们试图通过类比推理来确定某个女人是不是女巫，因为女巫是能够燃烧的，那么女巫一定是木头做的，而木头的性质是能漂浮在水面上。鸭子也能漂浮在水面上，因此可以认为鸭子和木头有共性，所以，如果某个女人和鸭子一样重，那么她一定是木头做的，因此就是女巫，所以必须被烧死。《巨蟒与圣环》这部喜剧的创作团队中的特里·琼斯还是一位研究中世纪文学的学者，这也许并不是巧合。

② 对于问题的答案，关键在于作为超自然的存在，天使究竟有没有有形的大小，或者说天使只能是非物质的（假设的前提是，天使是存在的）。虽然托马斯·阿奎奈确实讨论过“两个天使是否能出现在同一个地方”这一问题，但我们依旧不确定，是否真的有人讨论过“多少位天使能够在钉子顶上跳舞”这样的问题。

大学越来越专业化，开始整理学者们的文献、知识，使之成为课程，进而在某些方面变得专业化，这是旧的学科体系所达不到的。

在中世纪末期，宗教改革、罗马天主教内的反改革运动，以及之后的法国宗教战争都促成了这一动态变化过程，这些都对课程设置的修订产生了巨大影响。宗教改革给中世纪发展起来的很多文化机制带来了挑战，其中不乏批判性观点，反改革运动对这些批判做出了回应，并努力整顿罗马天主教堂的文化领域，而后的宗教战争又确确实实付出了更惨重的代价。

自由技艺最深刻与最根本的变革，尤其是其中的“三艺”，归功于各国本土语言读写能力的提高（阅读诸如英语、法语、德语、西班牙语和荷兰语）和随之而来的拉丁语重要性的减弱促成的。罗马天主教堂是学习拉丁语最权威的中心，因此，如果潜在的改革者做任何工作都用拉丁语，那么便会处于劣势。相反，将《圣经》翻译成了各国本土语言，促使本土语言写作突然大规模流行起来，进而转移了“三艺”的学习重心，人们从学习拉丁语语法知识转变为提高整体的读写能力。[①]虽然人们用了很长时间才真正认可并赞同教育重心转变到本土语言这一巨大意义，但这就是西方文化巨大变革的伊始。拉丁语对于文化工作仍然非常重要，一直延续到了20世纪早期，毕竟过去每一个重要文本要么是用拉丁语写作的，要么就被翻译成了拉丁文。然而，一旦《圣经》这一神圣不可侵犯的文本有了本土语版本，之前的观念如“所有重要且严谨的工作都必须用拉丁语写作”，就变得没有意义了。

---

① 作为研究中世纪文学（尤其是古英语）的学者，我必须指出在9世纪，阿尔弗雷德大帝曾把拉丁文本翻译成了本土语言，他这样做并不是因为宗教改革，而仅仅因为北欧海盗在英格兰杀了所有能够阅读拉丁文的人。

同时，宗教改革期间，西方基督教分裂成许多相互竞争的教派，这也造成了拉丁语重要性的减弱。新教由此发生的适应性变异导致了教派之间为了争取更多的信徒展开了激烈竞争，绝大多数的信徒皈依于其信仰的教派会因此获得更多的财富和权力，这一动力促使教派用本土语言进行传教。其实，在这之前就一直存在一些用本土语传教的情况，而且是一定存在的，否则绝大部分人口都不懂得拉丁语，他们又如何理解自己的宗教。然而，卓有成效的传教（这些教派所吸纳的皈依者或者受到启示的人已经确信不再转变信仰）所带来的回报，要比以往丰厚多了。在那几百年间，用本土语传教成为欧洲文化生活的一个重要特色，因此，修辞的学习也被推到了课程设置的核心。你越擅长修辞，你的教派就变得越强大，就会奖励给你更多的资源。这一动力机制给修辞学科带来了选择性压力，使其做出调整以适应本土语。教师们也意识到，如果传教者不能用本土语有效地写作或表达，纵使掌握这个世界上的所有修辞也无济于事，所以“三艺”中的语法部分开始在拉丁语学习中强化本土语语法，[①] 而且，修辞学科也获得了进一步发展以适应需要使用修辞的那些语言。来自希腊语和拉丁语的基础知识仍然保留着，亚里士多德的《修辞学》迄今仍然是学习修辞的关键文献资料，但修辞应用的细节更加具体化，对于特定语言更有针对性了。

这一演变过程一直持续着，经过了宗教战争，直至进入18世纪，这就是为什么那段时间会被称为“修辞的时代”。直到19世纪50年代，

① 我认为，如果告诉一位受过良好教育的古罗马人，有一天人们学习的语法不再是拉丁语或希腊语语法，他一定会嘲笑你，并且说：“他们不过是一群野蛮人！他们发出的噪音根本没有语法。”“野蛮人（barbarian）”这个词来自于希腊语，古罗马的作家说，那些不讲希腊语或者拉丁语的人不过是在制造噪音，发出“巴拉巴拉（bar, bar, bar）”的声音。

尤其在英语国家，资助大学最主要的原因便是这些教育机构把人们训练成有效的神职人员：他们必须走出去布道，他们的布道要做到教义上正确，修辞上有效，所以他们需要学习各自宗教的神学知识。然而，也需要训练语法、逻辑和修辞才能组织有效的布道。

需要说明的是，在美洲殖民地和英格兰，布道是一种大众娱乐形式。这些布道通常要持续很长时间，内容复杂，深奥微妙，有着强大的情感力量。周日在教堂里，人们常常兴致高昂地听两个小时布道，然后用那周剩下的时间讨论布道的内容。在这个时期的文化中，“三艺”中的许多知识都比较普及，这也是美国开国元勋们在修辞和逻辑上卓越超群的原因之一。当然，他们中许多人都是天才，但是他们之所以能够文采飞扬，推理严谨，论证有力，就是因为他们也是自由技艺的受益者。他们许多人懂得希腊语和拉丁语，虽然那时最初的理科已经开始进入课程设置中，他们学习的核心却是重点学习“三艺”中的传统知识。这些知识脱离了长时间存在的宗教束缚，这种情况在美国比在欧洲更加突出，因为在美国基督教有许许多多的教派，没有任何一个教派处于主导地位。受过教育的人中绝大多数都会坚定地信仰自己的教派，但是，在更宽泛的文化中，他们所有人都共享的却是传统学习的“三艺”——自由技艺的核心。

18世纪发生的剧变和革命表明：语法、逻辑和修辞对于慢慢民主化的欧洲国家中作为新起之秀的领导者们是至关重要的工具。君权神授的国王从严格意义上说也许并不需要修辞，因为理论上他要发布命令，便会得到绝对的服从（事实上并非如此，因为国王必须获得他的支持者的赞同，尤其是势力强大的贵族），那些自由或者相对自由的领导者们之间起起落落确实是由他们的逻辑和修辞技巧决定的。

西方印刷术的发展促成了信息的平民化，进而使个人能够通过逻辑和修辞触及更多的权力。在公众场合下，人们组织、揣摩并且传达他们的想法，激发他人去支持他们。因此，自由技艺，对于个人来说，较古罗马帝国时代更加有价值了，因为在社会的许多不同层面中，成功的领导所带来的回报都在与日俱增。成功的领导是一个人为他/她的社会带来价值的一件最伟大的事，一位优秀的领导者能够将数以百计的困惑者或者不团结的人们组织起来，成为不容小觑的力量，打个比方，即便优秀的经理人和领导者让我们出丑愤怒，我们还是非常尊重他们，因为我们需要他们的领导。优秀的领导者是能够让他人信服的人，能够成就任何伟大事业的人物。遗憾的是，还没有人想出一个完美有效的方法来甄选优秀领导者，而创造优秀的领导者更是难上加难。但是，自由技艺却可以为此打下非常好的基础，因为这些学科教你如何理清复杂、混乱的形势，这些问题多数情况下只有具有优秀领导能力的人才能应对。在这种形势下，你没有全面的信息；相关的人对你撒谎，或者你对于正在发生的一切感到非常困惑，你对整个世界的了解是不全面的。如果你的大脑接受过逻辑训练，并且能够用修辞让他人信服，相比那些没有接受过这方面训练的人，你会占有巨大的优势。这就是各个社会的统治者在认识到了这些技能的价值后，也同样确保他们的儿女习得这些技能。

那么，科学是什么？诚然，科学学科教给人们有价值的思考方法，这一点从当今世界取得伟大成就的国家的领导人的数量就可见一斑（包括中国和德国），这些领导人接受的是工程师或者科学家所接受的教育。事实上，科学与科学的思维所带来的益处非常明显，这使得今天传统自由技艺的教育不再像一个世纪以前那样普及。我们认定为是自然科学学科的那些领域——数学、天文学和医学，就是瓦罗最开始提出的九门学科中的几门，天文学和数学也是“七门自由技艺学科”中的两门。然而，随着“三艺”和“四科”的逐步分离，再加上后来对神学和宗教的重视，尤其是在中世纪末期，这一切打破了七门学科课程设置的连贯性。在这之后，“四科”中的学科就沿着不同于“三艺”学科的其他路径演变下去，其结果便是，今天我们看到的自然科学与自由技艺的决裂，以及在这两个大的范畴下许多分支学科的产生。虽然，我相信，两类知识学科的过度分裂既削弱了自然科学，也削弱了自由技艺，但不同的分支学科的区分又衍生了诸多益处。那么，在为了这个巨大的决裂惋惜或者试图修复它之前，我们应该明白发生了什么，为什么发生这一切，这就是下一章的主题。

CHAPTER

2

科学不过是组织有序的自由技艺

科学学科的起源可以追溯到“四科”（Quadrivium），如果将“四科”与今天的科学做比较，我们会发现它在实用性上有了惊人的提升，再将“三艺”（Trivium）与其衍生学科相比，我们看到了它们的巨大差异。你甚至可以说，在当代的自由技艺教育中，人们在语法、逻辑和修辞上还不及他们的祖先用得好。当然，科学学科与自由技艺最大的区别在于，前者找到了产出新成果的方法，后者在实用性上相比古代并没有太大改变。当今大多数人都觉得，自然科学进步了，其在社会实践中发挥了巨大作用，而自由技艺却没有。

然而，正如我们将在这一章看到的，当我们追溯分裂双方的学科历史发展时，事情就更加复杂了。事实证明，自由技艺的一些分支学科曾经比自然科学更“科学”，其比今天的人文学科包含了更多的宗教和哲学。自然科学与自由技艺的大分裂，C. P. 斯诺著名的“两种文化”的分离[①]，是近些年才发生的现象[②]。当你回顾历史，追溯到“三

① C. P. 斯诺，《两种文化与科学革命》（剑桥：剑桥大学出版社，1959）。

② 对于科学与人文学科的分裂，我们的认识被当今各种形式的大学社会和政治组织夸大了。夸大两者之间的不同几乎符合所有人的短期利益，因为不同领域间的区分越明晰，就需要聘用更多不同的教授，而且他们之间直接获取资源的竞争也会更少。尤其在那些高级师资中，存在着一种无意识的巨大压力，迫使他们强调学科之间的区别而非相似性。

艺”与“四科”的分离时，你会发现两者之间存在更多的相似性。

所以，这一章里，我的论题是：

科学不过是把知识有序组织起来的自由技艺。

数学家柯西让数学变得有序

我将先以数学学科为例来证明此论题。人人都认为数学是在知识上被完美组织起来的学科，至少这一领域外的人都是这样认为的。我认为，数学最伟大的美妙之处在于，一切都严丝合缝。它有严谨的证明标准，所以我们明确地知道，什么是证明得出的，什么是猜测或者推断出来的；它绝对清晰，每一步都要求逻辑严谨，所以答案始终是正确的，无论给出答案的人是谁。我们知道与不知道的事情之间有着明确的界限。至少这是数学给我的印象，而且，我确信，几乎对所有不是数学家的人来说，数学呈现给他们的印象也如此。再者，我认为，数学一直都是这样的：追溯到齐诺、毕达哥拉斯或者阿基米德，你会发现，在这个知识严谨的学科中，所有已为人所知的东西已经从逻辑上被证明是真的了。

然而，有一天，当我向同事——数学家威廉戈德布卢姆布洛赫——解释我的理论“科学不过是把知识有序组织起来的自由技艺”时，“你也许是对的，”他说，“但是数学作为一门学科，直至柯西才变得有序。在那之前，数学在知识上混乱一团。”他的话让我非常震惊，不仅仅因为我对数学的历史非常无知——当比尔说到“柯西”（Cauchy）时，我听成了“Koshi”，还以为这位数学家是位日本人（在网上没有找到任何相关的资料），还因为数学对我来说似乎从古希腊开始就已经是在知识上组织有序的学科了。然而，我在开始研究数学的历史时，得知我的同事并没有夸大其词：数学作为一门学科，在法国数学家奥古斯丁路易斯柯西于十九世纪初进行组织之前的确是一片混乱。

由于柯西对数学进行了组织，还做了许多其他工作，在这一领域的地位名副其实。据说，以他的名字命名的概念、定理和方法比其他任何数学家都多。他所做的工作就是把严谨的逻辑方法引进数学领域，并把过去的知识以有用为目的组织起来。对看似不相关的分支领域，之前所做的区别性观察最终被柯西证明是相关的。在柯西之后，数学就变得比我们今天认为的更具科学性，且有着一系列合理且清晰的界限。由此，你可以辨别出哪些知识是数学领域之外的，哪些是领域之内的——数学要对方法进行区分，把信息划分到不同的分支学科，依据内容进行组织。

十九世纪初，当数学的知识殿堂变得有序时，天文学早已经离开了"四科"的阵营，这有一部分是丹麦学者第谷布拉赫的贡献。天文学在十六世纪末成为了独立的领域。在近两百年的时间里，从伽利略开始，到牛顿达到巅峰，天文学既包括观察恒星和行星，也包括今天所谓的实验物理学（虽然实验物理学最终脱离出来）。至十九世纪的柯西，科学领域的裂变和分化一直如火如荼地进行着。同时大学里的另一个替代性的权力体系为了适应这个新的知识传统也发展起来了。虽然"三艺"的学科并没有被完全摒弃，却越来越被弱化，并推向了中初级教育。也是在十九世纪初，科学带来的回报已经非常突出，连政治领导者都认识到了这一点。工业化释放出的财富是巨大的，这与科学和技术的联系也是显而易见的。大概在美国南北战争时期，也就是十九世纪六十年代，对于如何掌控权力，科学和技术成为了决定战争输赢的关键，于是，与科学相关的学科在声望和权力的佑护下冉冉升起。因为领导者们还继续让他们自己的孩子学习人文学科，我们可以推断，他们仍然相信人文学科的价值，然而，科学领域所得到的重视和资助远比在传统课程计划中得到的要多得多。

崛起的文献学

在19世纪中期，自由技艺的某些方面开始变得更像科学了。为了了解这一切是如何发生的，我们必须回到很远的过去，来审视自由技艺内部分支学科的专业化。我们需要回顾一下文献学的历史，[①] 文献学这个名词从马蒂纳斯·卡佩拉的《墨丘利与文献学的联姻》中就被熟知了。在书中，马蒂纳斯所使用的“文献学”意指通过阅读和写作习得的知识，但“文献学”一词本身的意思只是“对词语的爱”，词语的确是自由技艺内被称为“文献学”这一分支学科的研究重心，其最终进化成文学学科，以及之后的语言学。

文献学之所以能够作为一个学科崛起，是因为有太多的文本要研究，伟大的亚历山大图书馆在一个地方就收集了大量的书卷，托勒密家族（那个统治埃及的家族）购买、偷窃并强行借走了一些手稿。据说，每艘拜访亚历山大的船只都被要求交出船上的书卷，随后书卷会被誊写下来，书卷的主人拿到的是复制的，图书馆保留的却是原稿。把大量的知识宝藏组织起来，这就产生了一系列新的知识方面的问题。手抄本的文献难免会有错误，文本誊写的次数越多，累积的问题就越多，尤其是在誊写者匆忙草率，或者不能充分理解誊写的文本时，情况就更加糟糕。

① 这里对于文献学的讨论，我要感谢詹姆士·特纳，他的杰作《文献学：被遗忘的现代自由技艺的起源》（普林斯顿大学出版社2014年版），唯一一本研究文献学历史的最好的书。

以弗所的泽诺多托斯，作为亚力山大图书馆的第一位馆员，发明了一种新的做法，把书卷根据作者姓名的首字母进行排序。这一安排使得图书馆馆员能够把现有文献的不同版本进行对比。很快，他们就发现了大量自相矛盾和省略的内容，这些错误和变体已经积攒了数百年。图书馆馆员们开始从中理出头绪，他们从荷马的作品开始整理，因为其对于希腊人来说在文化上有着重要的意义。通过对比多种手抄本，泽诺多托斯写出了荷马作品的第一个校对本。他利用自己的语言和文化知识，从美学的角度确定众多版本中哪个才是被反复误抄的最初版本，由此，文献学诞生了。

文献学家的目的是从留传的杂乱文本中产出最准确的版本，最初其仅被称为“校对”：对所有不同的版本进行逐行对比，看看哪个版本最合理。然而，没过多久，现实表明，单单校对是远远不够的。有时，现存篇章中没有一篇是合理的，这是因为语言和文化变化程度之大，使抄写员根本不明白他们誊写的是什么。为此，亚历山大图书馆的馆员们发明了一系列新方法。泽诺多托斯想出的方法就是在他认为可能有误或者不能完全理解的那处画一条横线，这条线被称为“疑问记号”。后来的学者们又发明了星号等其他记号，星号今天仍在作为重音符号使用，帮助我们正确地读单词。他们还发明了用来标记在朗读时该停顿多久的图标：逗号、冒号和句号。然而，虽然有了这些发明，在文化上有着重要意义的文本（比如《伊利亚特》和《奥德赛》）在许多地方仍然晦涩难懂，所以文献学家又开始收集文本外的信息，用来澄清那些与历史、社会习俗、宗教和艺术相关的混淆的参考文献。有些文献学家开始把一个文本的参考文献与其他文本的文献和历史记录中的文献进行匹配，最终产生了绝对规模而非相对规模的年表，这些工作就是历史学科的基础。

虽然荷马的作品对亚历山大城的学者来说非常重要，却不及希伯来律法书《摩西五经》对生活在那座城市的犹太人那么重要，许多犹太人讲希腊语，而不是希伯来语，并把希腊语作为本族语。大约公元前300年，为了让这些人也能接触到《摩西五经》，有人将《摩西五经》翻译成了希腊语。翻译文本出现了一系列新的错误、变体和不明确的地方，这不仅仅是翻译过程本身出现的，还因为翻译是基于《摩西五经》各种不完美的文本进行的。虽然犹太学者本可以把混乱的地方找出来（他们最终做到了），但在文本确定之前，新出现的基督教就已经把那个漏洞百出的希腊语译本传遍了整个罗马帝国，这大大增加了瑕疵文本的数量，也给文本引入了各种各样的新错误。基督教的《圣经》并非直接译自希伯来经文，而是从某个希腊语译本翻译过来，这个希腊语译本被称为《七十士译本》（*Septuagint*）（之所以说“七十”，是因为据说这个译本是七十二个译者仅用了七十二天完成的）。

翻译中的变体给文本造成了很多问题，这些问题对许多人来说在情感和政治上都有着重要的意义。让人困惑且难以理解的段落不仅对文学批评家而言是个难题，对人们理解什么才是基督徒所认为的上帝的圣言也是个问题，基督教的学者们因此完全有理由任意使用所有可能的文献学方法来产出《圣经》的正确文本。这些方法中用途最大的还是老式的校对，即对比多种不同的文本。俄利根，亚历山大大帝时期的一位学者，编纂了《六经合编》（*Hexapla*），这个文本有六栏，六种不同版本的圣经文本同时出现并可以逐字逐词进行对比（这六栏包括希伯来文、被音译成希腊字母的希伯来文、七十士译本和另外三种希腊语文本）。圣杰罗姆在俄利根工作的基础上，首先使用希伯来文本来纠正最早的拉丁语本《圣经》的，随后创作出他自己的拉丁文圣经《武加大译本》（*Vulgate*），一千多年来，这个译本一直都是圣经的标准版本。[①]

圣经文本最终固定下来之后，学者不再那么关注文本说了什么，而是更关注那些话传达了什么意思，这种方法虽然在传统上没有其他方法重要，但一直以来都是文献学研究的一部分。如果某个段落意思不明确，也许是语言文字有错误，也可能是你的理解出了问题。文本的寓言式阅读就解决了这样的问题：如果某一页的语句表达的意思与读者认为其理应表达的意思有出入，那么语句就会被重新解读，使其意义与作者对文本的整体性解读一致。这种方法一直延续了数百年，成为整个中世纪占统治地位的文化实践。

文本层面的文献学研究方法虽然被重新启用，然而，文艺复兴时期的学者们还需要一些策略来理解那些被破坏了的和难以理解的手稿，手稿保留并传承了他们想要复兴的世俗希腊拉丁文化。与此同时，基督教内部对寓言式阅读法解读《圣经》的争论已经陷入僵局。学者们为了在论证中获得优势（或者为了给出不同于数百年来争论不休的论证），他们回到了文本本身。宗教改革、反宗教改革和宗教战争加大了解读《圣经》的赌注，学者们努力把《圣经》翻译成本土语言，这让文献学又一次变得重要起来。

这一工作转而也为19世纪文献学的蓬勃发展奠定了基础，在19世纪，包括雅各布·格林、拉斯马斯·拉斯克和弗朗兹·博普在内的学者们进一步把这些方法系统化，进而创建了语言对比与文学（文

① 在这个时间段，另一种文化与其并行发展，巴比伦和巴勒斯坦使用手稿校对和其他文献学方法写出了希伯来经文的马所拉译本。这项学术工作开始于6世纪，完成于10世纪。

献学对比研究）这门学科，这门学科当时和其他科学类学科一样“具有科学性”。格林发现了声音变化的“规则”，这些“规则”说明了古代语言是如何进化成现代语言的。后来的学者完善并扩展了这些“规则”，然后用它们重构了古代语言（并且延伸到各个国家和文化已经遗失的历史中）。虽然现在看来其中的推理有一些明显的瑕疵，而且早期的文献学家很可能有太多断言，但在读他们的著作时，你不难发现语言对比与文学已经变得至少与拉瓦锡时代的化学、达尔文之前的生物学，甚至柯西之前的数学一样算得上一门科学了。我们不难证明文献学对比研究（Vergleichende Philologie）相对于尚未完全数学化的自然科学的分支学科更有逻辑性，更加严谨。格林思想的继承者们自认为是科学家，把他们的学科也视为一门科学，因此相信这一学科将会得到进一步发展和拓宽，不仅能科学地解释语言现象，还能解释神话和文学。

一百年来，文学研究就其本质而言主要是文献学层面的研究，那些最著名的学者就是文献学学者，而这些文献学学者中声望最高的就在德国的大学里，那里是知识进步的顶峰和文学研究的权威。文献学被非常肯定地认定是一门德国的学科，这就是为什么在一战之后这个学科不再那么有声望的原因，甚至有些英国学者暗示，德国在文献学上的文化主导地位直接导致了德国人的无知，进而带来了那场战争。在二战之后，文献学完全失去了其往日的辉煌，不仅德国众多大学砍掉了这一学科，就连文献学本身也因其对中世纪日耳曼语言和文学的重点关注而趁机被套上了欲加之罪，认为是它造成了德国国家社会主义者的野蛮行径。由此，文献学很大程度上从文学研究的课程体系中被驱逐出来，进而被各种各样的寓言式解读（对政治、性别、性和种族的解读而不是对宗教的解读）所取代，同样基督教的寓言式解读也取代了中世纪的文本文献学。[①]

独立的语言学

文献学虽然被英语和现代语言系排斥在外，但其科学性的内容并没有被完全从大学中驱逐出来，甚至在二战之前，一个新的学科——语言学，在格林和其他学者奠定的基础上成立了。像文献学一样，语言学也是对语言的科学研究，但不同的是，文献学注重文本研究，尤其是文学文本，而语言学关注的是言语。二战之后，美国学者诺姆·乔姆斯基的工作给了语言学一个巨大的推动力，既让语言学声名狼藉，也为其带来了巨大的资助，许多系部由此建立起来，雇用了教授，语言学的独立得到了机构的认可。起初，语言学与文学研究并没有从根源上完全分离，但在文学研究者对语言学发起了一系列口诛笔伐之后，随着语言学的专项资助来源逐渐增多，多数语言学家都摒弃了文学文本的研究，使其成为更加科学的学科。

文献学的漫长发展历史有力地支撑了我的论点：科学不过是将其知识殿堂有序组织起来的一门自由技艺，文献学从一系列随意的操作发展成了一门被系统化的学科。随着时间的推移，文献学家发现了如何获取最准确结果的技术，并在不同的争论中做出判定。文献学方法使分析更有逻辑，而不是采用更多的修辞，它把重点放在证据上，而不是放在抽象的事物上，所以虽然把关注点放在语言上的文献学一直

① 虽然在英语系里还幸存着一些文献学家——他们几乎都是研究中世纪文学的学者，但他们的地位是岌岌可危的，而且后继无人。然而，情况也有一些积极的改变：近年来，中国、日本和印度的英语学者开始对文献学方法越来越感兴趣了，这也许是因为文献学与在这些文化中受到高度重视的科学学科在方法上有相似性。

都被认为是“三艺”，即自由技艺的一部分，但它作为分支学科的操作更像一门科学。这一领域的科学部分恰恰就是文献学褪下外壳而形成的新学科——语言学，如今语言学的实际操作，与神经科学和认知心理学有着更多的共同点。

植根于修辞学的心理学

如果你找到可靠的方法，得出可证实并经得起检验的知识，那么你的学科就能成为一门科学，这种回报机制使得各个学科为了发展得像科学一样承受着巨大的压力（这样做，不仅仅是为了得到资助，还为了得出被其他学者广泛接受的高质量的成果）。这一压力使得传统的自由技艺进一步专业化和分离开来，因为一个领域越小越专业化，越容易想出可重复产生成果的方法。如果某一领域足够小的话，就能完全将方法模式化，即使没有完全理解基本理论，也能够产生源源不断的成果。

当代的自由技艺就来自于“三艺”，并区分为不同的领域，虽然不及语法、逻辑和修辞这些古老的自由技艺核心正统，但其中许多领域仍被认为是自由技艺，最终形成了自己的学科。由语法衍生出的学科，包括英语文学研究和其他现代语言专业，古典文化研究、艺术史、音乐史和其他相关专业。由逻辑衍生出的学科中，最重要的是哲学、宗教或神学，还有心理学和历史学的一部分，虽然心理学和历史学与哲学一样，都根植于修辞学。这里，我们再次看到，一旦某个领域用方法论将其所有行为组织起来，它就开始被视为科学了。事实上，社会科学的源头主要并不是“四科”，而是“三艺”中的逻辑与修辞。

为了验证这一点，心理学也许是最好的例子。今天，弗洛伊德心理学听起来既虚张声势又永无改变地模糊不清（这个学科基本上就是这样的），但弗洛伊德自己和他早期的一些追随者曾试图将其从自由技艺变成一门科学。在弗洛伊德那个时代以及随后的许多年里，弗洛伊德心理学甚至被认为就是科学的。然而，如果你读过一些弗洛伊德的重要著作，很快就会发现他著作的核心内容与其说是一门自然科学，不如说是某种形式的文学研究。其与文学解读（对读者来说，文学作品的意思是什么）的寓言式一面有着非常深的渊源，相对于测量与实验，其对历史、神话、艺术和文化的兴趣更为浓厚。

在弗洛伊德心理学和后来对他最愚蠢的想法进行纠正的基础上，心理学首先成了一门社会科学，现在至少是神经科学的分支学科——神经科学，神经科学作为一门生物科学也许会向着自然科学的方向发展。社会学与人类学由于引用了测量与实验的方法，也走上了类似的道路。在20世纪早期，许多历史学家有一种观点，即马克思把历史学这门自由技艺变成了一门新的“科学”，因为许多个世纪以来，历史学一直与文献学并行发展，即唯物主义历史。这个观点最终无法自证，因为马克思的历史学方法最后没有经受住可预测性和重复性的检验，但是历史学的方法论确实发生了改变，把重点放在评估信息上而不是将历史归为一种叙述手法，因此变得更加严谨。作为影响整个自由技艺的分流过程的一部分，历史学也变得更加细化了。

在过去的150年间，专业化比泛化带来了更大的红利，因为一个领域变得越小，越容易被视为一门科学。不仅仅因为将有限的数据整合起来更加容易，还因为小的领域在社会压力之下能模仿科学领域知识的延续性。世界上数以百万计的化学家都可以告诉你，盐是由钠和氯组成的；所有研究艾米丽·勃朗特的当代学者都会告诉你，她的作品是对妇女压迫的回应。化学家说法的一致性是不断实验与运用逻辑产生的结果，而英语语言教授说法的一致性源于政治与社会压力，然而，从外部看来，两者是一样的，勃朗特研究这个小的自由技艺领域很明显与化学这个大的科学领域都有着同一个重要的特质。

自由技艺是最“硬”的科学

温斯顿·丘吉尔最喜欢的事是跟奥斯卡·王尔德对话，长期对哲学文学的积累以及对政治的敏感，让丘吉尔摘下奥斯卡文学奖，给全人类留下了珍贵的《二战回忆录》；阿尔伯特·爱因斯坦更是实力证明了：不会拉小提琴的音乐家不是个好科学家，“音乐和物理研究起源不同，目标却一致，就是追求表达未知”；史蒂夫·乔布斯注重精神世界和世俗的距离，他光着脚、穿着破烂的衣服就到了印度，体验东方的宗教文化。

在读20世纪伟大的化学家和物理学家的传记时，我们惊奇地发现，他们的父母常常担心，学习科学没有学习自由技艺更有助于他们在政治、商业或者法律等领域的发展，学习“技术”（比如进入工科类院校）不会像去一所古老的东海岸的文科大学那么受人尊敬。然而，第二次世界大战改变了一切，起初只是在美国和苏联，然后在全世界范围，未来属于那些科学和工程研究效率最高的国家，这一点已经不言而喻了，于是各国不遗余力地培养更多的科学家和工程师。

然而，如果没有传统的人文教育，把一个人培养成卓有成效的工程师或者科学家是不可能的。为了能够读写首先需要学习语法，为了能够进行推理需要学习逻辑。虽然天真的科学家也许认为，在科学论证中不需要修辞（很多时候确实是这样），但你仍然需要接受修辞训练来让他人信服，同时避免被人欺骗（科学领域的修辞所强调的重点与在政治或法律领域的不同）。虽然古老的“三艺”学科仍然很有价值，但它们之所以不像专业学科那样重要或受人尊敬，是因为它们没有被塑造成科学。[①] 这些学科包括语言与文学研究中的非语言学部分，逻辑中的哲学与形而上学的内容，而且几乎所有的修辞学内容迄今为止都抵御住了被塑造成科学的可能性。或者，更准确地说，这些领域中能够被塑造成科学的部分已经被剥离下来，并发展成了科学或半科学学科；余下的部分，学者们一直在做各种努力，但迄今还没有人设计出完美的分析方法。

有一个很消极的观点：自由技艺只是被剩下的不能发展为科学的领域，这些学科要么没有统一的研究方法，要么其研究现象不能进行量化，要么就是在确认论证的真实性时缺少公认的程序。虽然对自由技艺的定义听起来不免消极，但这也正是我们应该为自由技艺的价值所欢庆的理由所在。缺少方法、测量和广为接受的判定不足以说明自由技艺就是有瑕疵的、模糊不清的或者是幼稚的，相反，自由技艺余下的部分未能成为科学，并不是因为这些学科太过“柔弱”，而是因为它们太难了。自由技艺不是“硬”科学：它们是最硬的（最难的）科学。[②]

---

① 在这些领域，因为没有公认的方法，所以很难测量学者和教师的生产能力，他们在争夺稀缺资源的竞争中越来越处于不利地位，因为相对于能够被测量的东西，不能被测量的东西通常受到的重视远远不够。即使可量化的学科对毕业生的成功只贡献了0.1%的力量，但在许多管理者的眼中，0.1%也比不可测量的一无所知要好。当然，不是所有的管理者都那么愚蠢，在西方的教育机构中还保留着足够多的自由技艺传统，以免这些学科从课程计划中完全被删除，但是人文学课的教授却常常被弱化到本科生甚至高中生入门课的水平，自由技艺的教授因此也不再如过去那么受人尊敬了。

② 我曾经听一位同事论证自然科学与社会科学的相对价值，这句格言源自他当时说的一段话。这位身为物理学家的同事用“硬科学”（hard science）这个词来描述物理学、化学和天文学。“是这样，”另一位同事说，“我觉得我们这些在社会学、人类学、心理学和政治学领域的人从事的是‘更硬的/更难的（harder science）科学’。”于是，我插话说，那么英语一定是最硬的/最难的科学，他们大笑，然而，我说的是对的。

科学是一门有着有序知识的文科，之所以变得有序，是因为学者们已经想出了如何把变量分离出来并将其联系起来。这是科学领域的天才创举：在这些领域的某个历史时期，学者们明白了如何把不同的变量分离出来，逐一研究这些变量，随后研究它们之间的互动关系。如果你研究气体，就会思考温度、压力和体积的性质，哪些性质是要研究的变量，考察这些变量之间是如何发生内在联系的（给出理想气体定律）。懂得为了研究变量需要将变量分离出来，然后找到聪明的办法实现这一想法，就是科学的核心内容。

有些领域的研究，有许多变量我们不知道如何处理与分离它们，除非使用非常粗略的术语。比如，心理学与社会学的学者必须聪明过人才能构建出问题和情境，进而分离出单独的变量，结果通常是这些变量不像学者希望的那样独立。例如：

在一个著名的研究中，一位研究者想要知道，是否能基于特定的某一扇门与其他门的关系来训练老鼠去选出那扇门（比如，如果老鼠能够了解食物总是在左数第二扇门的后面）。这位研究者把所有的门都刷上了同样的颜色，在每扇门上都涂上食物的气味，都装上灯，但是老鼠仍然还去之前食物所在的位置。最终，他发现，老鼠通过它们跑过去时地板发出的不同的微小的声音而辨别出之前它们发现食物的位置。[①]

就是这样一个简单的实验，研究者也付出了巨大的努力才找到变量，并且要老鼠在一个完全被控制的环境中一同工作。想象一下，社会中人类行为的变量会比这多多少，其互动又会有多复杂。

---

① 我从理查德·费曼在1974年加州理工学院的毕业典礼的讲话中得知这一实验，刊载于《别闹了，费曼先生》（*Surely You're Joking, Mr. Feyman*）（New York: W.W. Norton, 1985）一书的查德·费曼《草包族科学》（"Cargo Cult Science"）这篇文章。

社会科学中的这些变量要分离出来如此之难，那么自由技艺中的变量就更有过之而无不及了，因为自由技艺是建构在人类的思想和文化基础之上的。研究者在试图确定人们着装颜色是否能够影响他人对其语言的解读方式时，由于互动变量的数目，不仅包括衣服颜色，还有说话者的性格特征、观众和情境，即使这样一个小问题也要费尽心思。而相对于研究一个人看一幅画，以及对这幅画的情感反应，上面这个研究情境要简单得多，因为对看画的研究，其中变量之多，变量之间互动方式之多也是难以估量。

在文学研究、历史、艺术史、音乐史、修辞和某些类的哲学中，研究问题非常复杂、麻烦，我们几乎不知道该如何分离变量，并进行科学性的分析。所有以上领域中极为重要的部分发生在人的大脑中，即使为了弄明白一个人在读《艾凡赫》时发生了什么而切开人脑，就算这样做符合伦理规范，你还是不知道要寻找什么。那些仍属于人文类的领域，我们不知道如何测量，如何分离变量，如何确定我们对所研究现象的观点是正确的，还是仅是研究者之间达成的社会性协议。由于不能依赖经过论证的科学技巧，我们被迫使用直觉、经验法则、合理的猜测和粗略的估量。这并不意味着我们完全无知，相反我们常常被迫在黑暗中摸索，只有微小的暗示告诉我们走对了方向。

自由技艺的复杂性会让研究者望而却步。消除这一问题的一种方法就是宣称，科学方法不适用于自由技艺，我们甚至不应该有这样的期待，相反，我们应该做的是，为这些领域与科学的永恒区别而欢欣雀跃。我摒弃自由技艺让人望而却步这样的结论，因为自由技艺的历史表明，那些曾经与当代自由技艺一样复杂、麻烦且棘手的领域已经进化成了科学。

物理学给自由技艺的科学化带来的启示

物理学——这个自然学科中难上加难的学科，有时似乎也是一团混乱，即便对于这一领域的知识翘楚来说也是如此。1983年，伟大的物理学家理查德·费曼在加利福尼亚大学洛杉矶分校就量子电动力学做了系列讲座。这个理论是20世纪物理学界的知识桂冠，因为这个理论能够准确预测到第十一位小数。费曼将其非同寻常的准确度描述为“想想如果测量从纽约到洛杉矶的距离，能够精准到人类一根头发的长度，是怎样一种概念”。在最后一次讲座尾声时，费曼撇开量子电动力学，解释了20世纪60—70年代粒子物理学研究如何产生了我们今天所谓的“标准模式”。他说：

我已经讲完了量子物理学的所有剩余内容。量子物理学真是混乱一团，你也许会说，这是一种混乱到无可救药的物理学，但还是理出了头绪。然而，混乱是一种常态！大自然常常看起来就是混乱之极！但当我们这样走下去，竟看到了各种模式！并且能够集大成！一切变得确定且明晰，事情就变得简单了。我刚刚给大家展示的这团混乱，相对于我十年前本想研究的那团混乱要好多了，那就是400多个粒子。想想在本世纪初，当时有热量、磁力、电、光、X射线、紫外线、折射率、反射系数和其他各种物质的性质；迄今为止所有的一切放在一起，组成了一种理论：量子电动力学。[1]

这里，诺贝尔奖获得者查德·费曼在谈论物理学时——这个所有科学中组织最有序、最数学化的学科，所说的事实值得我们好好反思

① 理查德·费曼：《量子电动力学：光和物质的奇异性》(*QED: The Strange Theory of Light and Matter*)(普林斯顿：普林斯顿大学出版社1985年版)。

一下，即他自己的学科不是在19世纪80年代一团混乱，而是在1983年！所以那些看起来似乎也是乱作一团的研究领域仍有希望将其知识殿堂整顿有序，并且能够对他们研究的内容有着更深刻的理解。然而，我认为，在可预见的未来（甚至遥远的以后），人类会需要这些学科以不同的方式努力解释人类的文化、艺术和行为，而不是通过分离变量做到这一切。研究自由技艺教给我们如何把大脑的各部分调动起来以掌握全局，创造、感知从A跳到J再跳到Z，而不是亦步亦趋地从A移到B再到C。这种智能使我们将极其复杂且矛盾的物质组织起来，成为我们能够理解和掌控的信息，把让人困惑的数据转化成有用的知识，最终使我们能够透过纷繁复杂的表面看到真相。

CHAPTER

3

统治者与统治工具

我是马萨诸塞州惠顿学院的一名教授，讲授中世纪英语文学课程。因为这所学校非常小，所以我才能对我的许多学生有深入的了解，有时他们会把我介绍给实际付我薪水的人：他们的父母。

我们之间的对话常常是这样展开的：

父母：我的儿子很喜欢您研究《贝奥武夫》、古诺斯语和乔叟的课程，真为他骄傲，他现在居然能够翻译那些古老的语言，还知道所有那些关于手稿、声音变化和历史的各种非常难的专业知识。但是，我必须问您的是：如果他主修这一专业，那么他将来能找到哪类工作呢？拿着中世纪文学的学位，他能做些什么？

卓特：做管理者。

父母：做什么的管理者？

卓特：任何事情。

成为意见领袖，带动群体思考

随后，我会告诉他们我的学生是如何在各种广泛的领域中获得事业成功的，包括从事与法律、医学、市场营销和公共关系相关的工作，在中小学任教，还有的活跃在国际贸易、政治、新闻、娱乐、写作、出版、科技和许多学术领域。我的学生从事的就业面非常之广，所以很难在他们事业路径中找到一种通用的模板，但有一点：我的学生，不论去哪里，都成了管理者。他们在图书馆里担任馆长；在金融行业任首席财务官；在行政部门任部门主管。这样看来，只有一种可能性，就是我的学生碰巧都非常优秀，事实上也确实如此，或者说任何主修中世纪文学的学生要比一般人聪明，所以能升迁到机构组织的高层。当然文科生取得晋升的可能性也就更加强大，因为除了我的学生，其他从自由技艺学科院校毕业的毕业生也都是身居要职。这里面的促成因素绝不仅仅是学生聪明那么简单，**我认为，其中的原因是自由技艺能够有效地给予人们领导他人的技能，这就是为什么我把自由技艺称为“统治的工具”**。

那些制定出自由技艺课程的罗马贵族们是一群不折不扣的现世务实之人，因为在乎权力，所以他们非常关注领导能力。记住，他们称那些学科为“自由的”，就是因为他们把这些学科视为对自由人而言最适合的学习内容，而作为自由人不仅仅意指你不是奴隶，还指你善于统治他人。所有自由的罗马人多多少少都做些治理的工作，即便没有公职至少也要掌管自己家庭的运作，管理钱财、物业和人，而大多数人都不约而同地参与到其他政治、经济和市政各类工作中，让城市和整个帝国运作良好。罗马需要许多领导者，在某个层级成功的领导才能常常为他们带来更多的名誉和权力，因此，贵族家庭之间的竞争非常激励。为了让下一代在罗马的政治和文化生活中获得成功，罗马人乐此不疲地投入了大量资源，所以他们在创建教育体系时面临着强大的择优压力，必须把重点放在有助于人们在社会等级的阶梯上扶摇直上的训练方式上。这些训练方式中首当其冲的显然是罗马帝国名副其实的军事训练经验，位居其次的就是对提升领导才能最有用的文化课程教育：自由技艺，恰恰就是罗马精英阶层认为他们的孩子需要知道的所有内容。结果证明，对于罗马贵族后代发挥作用的知识在今天仍然有用。

乍一看，自由技艺持续发生着联系和效用，这似乎让人难以相信，因为这些学科是在特定的时间空间为了特定目的而组建的，相对于罗马人我们又经历了两千年的文化、社会、政治和技术变革。也许人们的社会行为一直并且永远都是如出一辙的，所以罗马人（以及他们之前的希腊人）所发现的必要的统治工具将永远适用。或者，可能是古罗马帝国的富庶和复杂性与当今社会正好吻合，所以同样的技能也适用于今天。我认为第一种猜测的可能性更大，因为在古罗马衰落后，各种社会的统治者仍继续接受人文教育，自由技艺在复杂高级的文化中更能凸显出其重要性，这一猜测也不无道理。总而言之，无论符合哪种猜测，只有学习自由技艺，个体才能武装好自己，最终获得成功、权力和领导才能。

奥巴马的统治工具：传统正式的演讲术

修辞学可以用来在不同的人之间建立一个有各自思想和价值观的合作团体。由于许多古希腊城邦的统治方式，哲学的创始人们会定期参加中等规模、半民主化的组织决策过程。他们注意到有些论证效果显著，而在逻辑上相似的其他论证却没有什么说服力。最终，他们总结出一些普遍原理，奠定了修辞学的基础。亚里士多德指出，不同的价值观和观念所造成的问题有时可以通过发现一些共识——无论共识多么少，从修辞的角度加以解决，然后从这个共同点出发进行一系列演绎推理。这个最基本的前提被称为省略推理法，其必须具有足够的普遍性，使得争论双方都能接受。虽然这只是个起点，有时甚至可以模糊到“至少大家都希望家庭、城市或者国家欣欣向荣，对于这一点，我们是能达成共识的”这样的程度，但即便是省略推理法所创建的这样一个微小的共识也可以是成功说服他人的基础。①

希腊人还认识到，他们不可能每次都能找到一个假设的前提，然后进行推理，于是他们还研究了可以用于赢得辩论的一些技巧，这些技巧与逻辑无关，而是通过控制人的情感来取胜，有些说话方式相对于其他方式可以非常有效地劝说听众站在说话者的立场上。修辞学教师训练学生如何运用嗓音、如何组织说话内容，并把人们发现的可以用来取悦于听众、攻击对手和以其人之道还治其人之身的各种方法系统化。最终，修辞学汇集了有关如何让他人信服，进而如何统治的大量知识。

然而，古代人的知识——尤其是从亚里士多德和拉丁语演说家西塞罗那里继承的知识，数百年来一直都是修辞学这一自由技艺的核心内容，可是为了让修辞学长盛不衰，只研究古代人的知识是不够的，原因有二：首先，如果你能学会修辞技巧，那么你的对手也可以学会，因为每一步修辞都有对策，而且同样的技巧辩论双方通常知道。其次，一种被称为“习惯化”的心理学现象使得即便是最新奇的现象，在反复重复后也变得不那么刺激了。当第一次采用某种修辞技巧时观众也许会觉得惊讶或有趣，但随着不断重复，他们的兴致很快就减弱了。

---

① 亚里士多德：《修辞学》：亚里士多德作品第十一卷，W. 瑞斯 · 罗伯茨译（牛津：克拉伦登出版社1924年版）。

科幻小说作家罗伯特 · A. 海因莱茵在谈到修辞技巧或者笑话时，曾说过：“第一次，你是个智者；第二次，你就是个傻瓜。”听众的兴致会急剧地缩减。[①] 当某种特定的修辞策略得到广泛应用的时候，习惯化现象就为喜欢特立独行的人带来了机会。以下就是来自美国政治修辞的一个例子，在这案例中我竟然在最初的分析和第二次修正上都错了，这件事恰恰说明了以上观点。

在2006年，我录制了一个音频课程，课程名称是“使用语言的方法：修辞、写作与说服的艺术”。在讨论政治修辞时，我使用了2004年前任纽约市长鲁迪 · 朱利安尼在2004年共和党全国大会上的演讲作为案例。这个旨在支持总统乔治 · 沃克 · 布什连任的演讲非常具有感染力，其中部分原因是朱利安尼似乎并没有准备演讲稿，取而代之，他只和听众聊了聊2001年9月11日的恐怖袭击和对于这次悲剧警察与消防员的英雄事迹。所有观看了这场演讲的人和我都认为朱利安尼的演讲是即兴的，很显然，他并没有像在正式演讲中一样读稿子。朱利安尼的演讲感人肺腑，我当时推测其他政治家也会效法他，未来的政治演讲将会更像电视“实况直播”——不是预先逐字逐词地撰写好稿件，而是围绕着一系列想法即兴发挥。我认为，这样的演讲方法听起来将比那些文笔巧妙的文稿听起来更加真诚可信，因此除了在最正式的场合中，其将完全取代传统的政治演讲。

然而，在这个预测中，我是大错特错了，因为我没有预测巴洛克·奥巴马会进入政治圈，更没有预测到他对传统的正式演讲术竟运用得炉火纯青。美国人已经习惯了随意的、平易近人且高度简化的语言风格，

① 罗伯特 · A. 海因莱茵：《严厉的月亮》（*The Moon is a Harsh Mistress*）（纽约：普特南森出版公司1966年版）。

这一点恰恰为另一种不同的修辞创造了机会，这对奥巴马的演讲技巧来说可谓是地利人和，他的演讲正式且有深刻内涵，把古典修辞格和从非裔美国人布道传统继承来的声音效果和抑扬顿挫融合了起来。然而在2013年音频课程中——这一课程就是这本书的原型，我承认自己错了，并且预测美国的政治修辞将可能继续奥巴马的演讲风格，回归到更加正式且复杂精巧的形式上来。

特朗普的统治工具：自由随意的说话技巧

这一预测，与我之前的预测背道而驰，最终也被证明是完全错误的。我没能预测到唐纳德·特朗普总统的修辞风格，他在语句构成上呈片段式的语言模式比朱利安尼的即兴演讲更加随意，特朗普的演讲读起来就像是朋友之间随意对话的转写文本。虽然大多数人会调整他们的句法以适应稍微正式一点的场合，然而，几乎在所有的文本中，特朗普都保持了其一贯的自由随意的演讲风格，包括在一个分句中插入另一个分句，接连使用多个分句，没有一个完整的句子，插入评论性的短语（比如：太棒了），在一句话的结尾处又转回到前面，重新连接起之前中途放弃的某个句法结构。特朗普的演讲模式传递出一种原创性，比我一生中见过的任何修辞方式都要有效。就连他最强烈的批判者都认为，特朗普真的相信自己说的话，与其他政治人物小心翼翼构建的语言对比起来，这一点自信给予他的语言以强大的修辞力量。

通过这些例子，我希望阐明的更高层面的观点是，尽管研究了上千年，还是没有能够让人类在运用修辞时无往不胜。修辞力量是一个一直移动的靶子，因为听众和对手是不断变化且不断做出反应的，这就是比“三艺”学科具有更广泛内涵的自由技艺，对于那些需要让他人信服并领导他人的人来说意义之重大的原因所在。研究修辞学手册，即便研究亚里士多德的《修辞学》那本书，能够使用一些修辞格并且能够找到论证中的逻辑错误，对于实现以上目标也仅仅是有帮助，但还是远远不够的。要想成为精通修辞的人，演讲者或作者不仅仅需要知道普遍的理论，还要能够举出具体的实例。演讲者见过的实例越多，他们在修辞情境下构建的心智模型就越多，他们的智力工具箱就越大，因此就会成为更加有效的雄辩家。

在语法、逻辑和修辞学中——几乎在每一个领域中，大脑内的知识越深刻越广泛，对于这个世界大脑能创造的心智模型就越丰富越高级。如果一个人的大脑容纳了许多模型，同时还包括了用以甄选或修正模型的通用理论，那么这样的大脑就更加可能在异常情境下创建出有效的修辞策略来。例如，如果在外面人们盛传你是一个非常顽固死板的人，比如说一位心胸狭隘的纽约市市长，你就抓住这个机会，以完全自由随意的方式谈论普通民众的慷慨大度、勇敢无畏和英雄主义。或者，如果你是一位相对来说默默无闻且资历尚浅的伊利诺伊州参议员，你就需要采用震撼人心的演讲风格，让你相对于你的竞争者看起来受到了更好的教育，并且具有更深厚的文化底蕴。

乔布斯的统治工具：无衬线字体

修辞就是为了匹配即将完成的内容和演讲者或作者的目的而选择有效表现形式的艺术。虽然修辞的基础是公众演讲，但其不仅局限于演讲，甚至不仅局限于语言的使用，文件的书写字体通过传递情感或权威也可以包含有着重要意义的修辞力量。设计于1957年的赫维提卡体（Helvetica）得到了广泛应用，部分因为数以百万计的电脑里出厂就安装了这一字体，还因为这一字体一直被某些权威文件所使用。美国1040个人所得税表格（在美国个人使用最广泛的表格）就是用赫维提卡体印制的，美国国家航空航天局的航天飞机上面也使用了这一字体。赫维提卡体还被用在了纽约、芝加哥、费城、马德里和华盛顿特区的交通工具系统指示牌上，许多大公司的产品上也出现了这一字体，包括通用、明尼苏达矿务及制造业公司、宝马、威瑞森电信、Skype全球互联网电话公司、松下、吉普、塔吉特和德士古石油公司。[①]

赫维提卡体是一种“无衬线字体（sans-serif）”，因为这种字体在字母每笔的结尾处没有小的装饰性笔画。无衬线字体的使用离不开现代主义和工业化，这类字体刚被开发出来时，被认为是具有前瞻性的，许多机构使用这类字体是为了让人们把它们和崭新、现代以及强大等意义联系在一起，赫维提卡体暗示着新权力而不是旧传统的权威性。每当我给学生展示奥斯维辛集中营大门上那个臭名昭著的牌子时，他们总会很震撼，“劳动带来自由（Arbeit Macht Frei）”这几个词没有用复杂、麻烦或者旧式的哥特式风格的字体，而使用了看起来更加现代的无衬线字体，这种字体与赫维提卡体非常相像，用在医院、学校或者其他的现代化政府大楼上从风格上看毫无违和感。建造集中营的纳粹之所以选择这种字体，是在试图传达一种信息，即他们是科学的、进步的并且是现代的，他们就是未来。幸运的是，纳粹错了，但他们对字体的选择确实说明了印刷字体的修辞力量，这方面的知识对于统治者来说也是很有用的工具。

① 有一部非常有趣的电影就是关于字体的，名字就叫《赫维提卡体》，由加里·哈斯特维特执导，于2007年发行。

苹果公司的创始人史蒂夫·乔布斯也非常确定地认可字体的重要性。赫维提卡体之所以是许多电脑上预先安装的默认字体，是因为乔布斯在大学期间上了书法课，了解了字体：如何组建字体，如何在一个单词中安排好字母，每笔要写多长，衬线体和无衬线体的区别是什么。他先于所有人认识到，能够在不同字体中做出选择，对于个人电脑使用者来说，就像对一个出版商一样，是一个宝贵的工具。他是对的。麦金塔电脑一个最大的优势就是使用者可以轻松地转换字体，[①] 这个用于统治的特定工具起源于“三艺”中的学科（你必须在学习语法的过程中学习书写），在科技或者社会变革使其有用武之地时，它就会随着时间的推延得到进化与发展。人们一直以更加科学的术语研究字体、颜色和文本布局，也许有一天，对于字体的研究将会步其他自由技艺之后尘，把所有研究组合在一起，成为科学，但迄今为止文字设计相对于科学仍然只算得上一门艺术。

和文本字体一样，说话时的音高和语调，写作中句子的长度或复杂性，以及其他各种各样的技巧也可以被用来说服听众和读者。讲话或者写作中所有这些小的特征，放在一起时，就被认为在创造文体。我们本能地认识到，说话人不同，听众不同，说话内容以及情境不同，都决定了有些文体要比其他文体更加有效。然而，不幸的是，以我们当前的知识状态，很难用逻辑严谨的术语解释文体（我的一些技术性研究就是关于这一论题的，所以我知道其中还要有多少工作要做）。我们进行了认真的观察，并能拿出有说服力的实例，我们还收集和组织

① 当这种功能最初普及开来时，学生为其创意而兴奋不已，有时我们交上去的论文，每一段都会使用不同的字体。我在卡内基梅隆大学的教授因此非常沮丧，于是他禁止使用多种字体，他抱怨说，某个学生的论文看起来就像一名绑匪索要赎金的字条，上面凌乱的字母是从报纸上减下来拼凑而成的。

了许多史料，但除非用最宽泛的解释，否则我们还是不明白其内在原理。但这并不意味着研究修辞风格是在做无用功，相反这意味着，我们不能再使用成熟的科学学科中的研究方法，必须用不同的方法进行研究。我们不能在一开始运用抽象的原理，而需要收集大量案例，然后用大脑从这些案例中获得各种模式，最后做出令人满意的总结归纳。

运用三段论，探寻问题背后的真相

我们已经谈及了自由技艺提供统治工具的某些方式，包括语法、逻辑和修辞的“三艺”学科，其适用性也是显而易见的。在我们的文化中，这个延续了一千年的西方文化，为了能成功领导任何一个复杂的组织，你必须具有读写能力，必须能以人们理解的方式说话，并且表达清晰，[①] 因此你需要学习语法。这个学科通过教会你理解影响说话和写作的多种变量，并以对自己有益的方式控制这些变量来改变你的思维方式。

其次是“三艺”学科中的逻辑（辩证法：辩证法是一种使用问答的论辩论证，它基于非常可信的前提，往往被用来建立证明的不可证明的前提。），领导才能中，使用逻辑是必然的，这一点不言而喻，但我认为这里还需要花些时间来明确“逻辑”的意思。这个学科，就其核心内容而言，是指为了明确有关这个世界的一个陈述或者一系列陈述是真是伪，你必须严谨思考每一步，逻辑就是对这些步骤的理解。这听起来非常简单，但事实证明非常难，这是因为人类大脑只有在对有限的几种现象进行推理时才会自然而然地使用逻辑。逻辑这一学科

① 单词“articulate”意思是“切成一节一节，一段一段”。用在语言或者语法上，意味着言语自然片段的界限对听者而言非常清晰，这样一位表达清晰的人会在逻辑和句法上合理的地方停顿和发声，这样他们就不会因为相似的音而觉得听不明白，根据基于既定情境的最大语义关联性选择单词。

教给我们如何把推理扩展到我们不会自然而然使用逻辑的领域。

人类常常难以区分相关和因果关系。如果发生了某件事，随后发生了另一件事，我们的大脑会本能地得出这样的结论：先发生的事促成了第二件事。当然，在许多情况下，这是对的：掉了玻璃杯促使玻璃杯碎了。然而，有时相关与因果没有任何关系。下面，我以自己为例，也许能让你豁然开朗，因为许多人似乎都做着没有逻辑的事。

我妻子和我第一次约会时，迈克尔·乔丹和芝加哥公牛队正在参战美国职业篮球赛决赛，我们在我的帕罗奥图市的小公寓里观看了其中一场比赛。公牛队马上就要输了时，我决定去拿瓶饮料，于是我从之前坐着的位置迈出一步走向一居室的厨房区域。就在这时，乔丹投进了一个三分球，然后出其不备地再次拿到球，又投进了。“站那儿别动！”我的妻子命令道，她是迈克尔·乔丹的铁杆球迷。所以为了帮助公牛队获胜，我站在厨房（距离电视只有五英尺的地方），看完了比赛剩下的部分。很明显，这种行为很傻，因为我改变一点点位置，无论如何都不可能影响到数百英里之外的篮球比赛，但人类的大脑就是很容易把相关理解为因果关系，只有在智力上有巨大的提升后才能打破这样的联系：用迷信解释疑问要容易得多。

逻辑为我们提供了将相关与因果关系区分开来的方法，让我们打破形似而实非的因果关系，明确在什么时候一件事确实促成了另一件事。逻辑还使我们得以以复杂得多的方式进行推理，即便在最开始我们所具备的就是从一件事到另一件事的简单因果联系。

如果我们知道P是真的，那么Q就是真的，那么我们也知道如果Q不是真的，那么P也不是真的（这种关系被称为一个命题的逆反式）。如果某个东西是鱼，那么它生活在水中，因此，如果某个东西不生活在水中，那么它就不是鱼。我们还可以仅凭逻辑来确定P与Q之间的其他关系不一定成立。对于原命题的双方面否定，也就是所谓的反换式不总是成立的：如果某个东西不是鱼，那么它就不生活在水中，这不是真的：章鱼不是鱼，但确实生活在水中。

同样，把P与Q倒过来而构建的命题（称为逆换式）也不一定是真的。命题：如果某个东西生活在水中，它就是鱼，这个语句是假的，因为乌贼、海龟和鲸都生活在水中。

因此，我们只要凭借逻辑就可以知道一些论述的真伪，进而用一个真命题来构建关于这个世界的其他知识：虽然真命题的逆反式永远都是真的，但其反换式和逆换式不一定是真的。

再者，如果我们有一系列彼此相关的真命题，我们常常可以把这些命题以某种方式结合起来，进而拓展我们对这个世界的了解。

所以，如果我们知道如果P是真的，那么Q是真的，同时我们还知道如果Q是真的，那么R是真的，我们就能够推断出来如果P是真的，那么R也是真的（如果一个动物是鱼，那么它生活在水中，如果一个动物生活在水中，那么它就不能生活在珠穆朗玛峰的峰顶上。因此，如果一个动物是鱼，那么它就不能生活在珠穆朗玛峰的峰顶上）。

这个逻辑陈述链，被称为“三段论”，是所有演绎推论的基础。把足够多的“三段论”联系在一起，最终你将得出关于这个世界的深奥微妙的结论，对于那些不能直接测量的事物也同样适用。

例如，即使永远都不知道那个数是什么，你也可以有逻辑地证明2的平方根不能由数的比值准确地表示出来。不需要做任何实验，你就可以证明物质的运动速度不可能比真空中的光速快。

我们总是认为这种逻辑推理属于数学知识，但事实上逻辑一直都是自由技艺中最重要的部分。然而，单纯地进行抽象的逻辑推理，形式逻辑[①]虽然无比强大，但也是有局限的。这种思维方式在数学或者物理领域得到了成功的运用，因为那些学科把其研究的现象与那类抽象的假设对应起来，因此可以使用形式逻辑加以证明。然而，即使在这种限制性条件非常多的情境下，形式逻辑推理也是非常难的。当我们处理的不是以上抽象问题，而是真实世界里实实在在的错综复杂的事物时，使用形式逻辑推理就更难了，那么当我们试图使用纯粹的逻辑推理去理解我们生活的社会和精神世界就几乎是不可能的了。对于这些类问题，虽然纯粹的逻辑推理是防止混淆相关与因果关系，或者杜绝犯其他类基本错误的绝佳方法，但还是远远不够的。

面对这样的问题，我们不能完全摒弃逻辑，而要不仅仅通过发展非形式逻辑体系，还要通过找到适用范围更加广泛的模板、主流倾向和经验法则来改进逻辑。

我们要学习如何推算可能性和概率，找到那些边界模糊却可渗透的变量。我们通过类比进行推理，努力把问题变成更适合我们大脑工作模式的形式。

这样做就可以创建出哲学家丹尼尔·丹尼特所谓的“直觉泵”，这是一种为了有效利用大脑的优势而非劣势，来更容易地解决问题而重新构建问题的方法。[②]

如果我们想着水“想要”顺着高山流下，我们可以更多地从感官上掌握水流动的方式，然后就可以使用那个构想来尽力理解其他现象。例如，当我们思考电流的运动时，和水沿着充满水的管子流动一样，

---

①“形式逻辑”就是指传统逻辑，狭义指演绎逻辑，广义还包括归纳逻辑。由于本质上“形式逻辑”是知性逻辑，所以现代数理逻辑没有超出“形式逻辑”即传统逻辑的范畴。

② 丹尼尔·C. 丹尼特 :《直觉泵和其它思维工具》(*New York: W.W. Norton, 2014*)。

把电流想象为沿着电线流动，就非常有助于我们理解了。通过研究自由技艺，你能够接触到可以应用到新情境中的一系列大量的直觉泵和局部类推。如果已经找到有待研究领域中的某个现象的模型，你就可以用这个模型来协助解决亟待解决的任何问题。

以上这种应用广泛的逻辑有助于领导者们在异常情境下仍可以胜券在握。研究人们之前做了什么，可以提供大量丰富的范例、反例和相似的例子。你既能从这些例子中总结出普适规律，通过辨识能够揭示看似表面现象不同却有着共同实质的抽象范畴，还能把你与生俱来的直觉应用到新的情境中。

例如，从研究拿破仑战争和第二次世界大战中，你可以得出这样的结论：如果打算入侵俄罗斯，千万不能在冬季进行。或者，你可以得到一个经验法则："不要在你的补给线很长和你的部队饱受风雪严寒之苦时发动进攻。"或许，你可以想出更具有概括性的规律，即没有巩固既得利益，而是贪婪地试图征服更多，最终将导致一败涂地，然后，你就可以采取适当的措施避免这样的命运。虽然逻辑的核心是"如果P成立，那么Q也成立"这一抽象的推理，但逻辑的自由技艺版本还包括许多类似事物、相关问题和历史数据。这样的材料研究得越多，就越能更好地加以总结，对于这个世界的心智模型就越丰富，你就越可能做出正确的决定。

遇到难题——反复测试，构建分析框架

研究修辞风格和其他类似现象的最好方法——那些我们认为重要却不能完全理解的事情，就是多次体验、不断进行分类总结和反复测试，我们希望所有这些方法最终组成某种合成体。首先，我们要让自

已接触许多包含有重要意义的现象的案例。我们要反复阅读和倾听，在多个个体案例的基础上构建一个具体的知识体系。然后我们试图把以上案例放在不同的范畴中，这样某个范畴的成员间相对于其在这一小组外的实体中会有着更多的共性。根据这样的分类，我们试图从中获得一些经验法则或者普遍的指导原则。然后我们将再次返回，重新阅读和倾听，不过这次接触材料时，我们脑海中已经有了范畴和普遍的规则。如果所研究的现象符合某些范畴特征和普遍规则，我们就会对得出的初步结论产生信心。如果不符合，我们就需要调整分类方法和规则。我们会不断反复这一过程，直到我们普遍的指导原则最终成为一个有限的综合性结论。

为了让以上这种方法奏效，我们需要收集大量的材料，建立一个框架，为了组建框架，我们需要了解我们所解释的现象的历史。有关这一现象的历史知识还可以使我们明确之前哪些方法是有用的，以及理解在怎样的语境下哪些方法是奏效的。哲学家赫拉克利特曾经说过，你不可能两次迈进同样一条河流；同样，来自某个时代的信息、艺术和文化不可能与另一个时代完全相似，然而，我们却可以通过总结过去更好地理解所有可能性，并开始识别出各种模式。

因此，历史学，虽然不是马蒂纳斯提出的七门自由技艺中的，也不是瓦罗九门学科中的（部分原因是历史学被认为是语法、逻辑和修辞中的重要部分），但对于自由技艺是至关重要的。历史材料提供了必要的背景信息和情境，通过研究历史，我们可以知道为什么惯例和文化习俗以现在这样一种方式存在。研究历史还为我们提供了心理学家所谓的“图示”（schema），图示是指预先检测了的做事情的方法，这样我们就不必总在需要时凭空创造出各种想法了。因此，知道大量的历史案例能够提升我们的认知过程，使我们更加善于思考，更可能做出优化的决策。

幽默作家P. J. 鲁罗克曾经开玩笑说，18和19世纪的英国上流社会除了拉丁语和希腊语什么也没学到，但还是征服了这个世界。他们在学校读了荷马，读了罗马历史学家李维的史书，也许还读了修昔底德的《伯罗奔尼撒战争史》，所以他们一抵达印度或者澳大利亚，马上从理论上认识到情境，并为他们遇到的各种问题预先做好了解决方案。[①] 这些年轻人没有学过任何专业技术性学科，却迅速建立起一个庞大的帝国，就是因为他们所受到的丰富且严格的教育教会了他们如何有效地进行思考。[②] 他们知道如何交流，如何推理以及如何说服别人。

正是因为这些人在他们自身与所读的希腊和拉丁文学作品之间建立了思想上的联系，所以他们能够感知人们在新的情境下会做出怎样的反应，甚至能够了解不同文化和背景的人。因此，研究荷马和弗吉尔（还有但丁和莎士比亚）是非常有意义的，因为这些文本对人类观念、行为和情感有着深刻的洞察力。我曾经见过研究古典文学作品的学者坚持认为，人们能够从荷马的作品中学到所有想知道的关于人性的知识。虽然这样的说法有些自以为是，但我始终没找到一种简易的方法，能够证明这一说法是错的。其内在的想法是《伊利亚特》和《奥德赛》中的人物介绍了所有重要的人格特征，并且展现了这些不同类型的人是如何互动的。如果你曾经认真地阅读过这些史诗，你的大脑中就记住了一系列模型——阿喀琉斯型、赫克托耳型、埃阿斯型和阿

① P. J. 奥鲁克：《年龄加上诡计能打败年轻、单纯和糟糕的发型》（*Age and Guile Beat Youth, Innocence and a Bad Haircut*）（纽约：大西洋月刊，1995）。

② 他们还被训练得彼此信任，并且在既定情境下能够清楚地知道他们那个社会阶层的其他成员在想些什么。

伽门农型，这样你就可以用这些人物原型理解和预测真实世界中人的行为。诚然，现在的工作场合不会像古希腊青铜时代那样充满暴力（所以，我并不赞同通过战斗，用三足器或奴隶作为礼物或者通过献牛来解决争端），但人的情绪与互动是基本一样的。当然，特洛伊战争中生死攸关的境遇让荷马笔下的人物和其互动更加难忘。

然而，为了能够阅读和理解《伊利亚特》或《奥德赛》（甚至离我们的时代近得多的莎士比亚的作品），我们需要学习和有人指导：伴随着这些伟大的作品，学术研究和解读文本的传统也发展起来了。即便是这些伟大作品中最著名和最伟大的部分也需要文本自身并不包含的语境，例如，像《哈姆雷特》这样一部广为流传，同时被频繁模仿的作品，有时似乎所有的剧情都是可以预测的，但只有当我们通过学术研究习得一些背景知识后才有更多的意义。

传统上，扮演哈姆雷特的演员总是穿着黑色衣服。正如学者D. W. 罗伯逊所解释的那样，黑色衣服不仅仅是在暗喻哈姆雷特的忧伤，同时还是让那个时代的观众马上认识到这个角色是在追溯中世纪神秘剧的传统。在这些戏剧中，身着黑衣的人物代表了人类行为某种特定的抽象特征，懒惰的原罪。[①] 在中世纪的英格兰，懒惰不仅仅是懒散和精力匮乏，还包括精神上的堕落，缺少希望。那些犯了缺少希望之原罪的人坚信，他们在这个世界上已经犯下了太多罪孽，赎罪已经没有任何意义了，因为上帝不会原谅他们，或者他们认为他们当下的境况不算坏，不采取任何行动也无所谓，所以他们放弃尝试。[②] 当代人阅

① D. W. 罗伯逊：《中世纪研究者看哈姆雷特》，D. W.罗伯逊：《中世纪文化杂记》（*Essays in Medieval Culture*）（普林斯顿：普林斯顿大学出版社1980年版），312–331。

② 这之所以成为中世纪基督教文化中的原罪，部分原因是这一罪过被解读为一个凡夫俗子正暗示万能的上帝也是有局限的。

读《哈姆雷特》通常会把这个角色解读为抑郁消沉的人。的确，他称自己为“忧郁的人”，这个词既是对情绪的一种描述，同时在莎士比亚那个时代还是一个医学术语。人们认为，人类的性格决定于人体内四种体液的平衡状态，四种体液包括：多血质、黏液质、胆汁质和抑制质，单词“忧郁的（melancholy）”就是有单词“黑色的（black）”和单词“胆汁（bile）”组成的。这种体液过多的人总是很悲伤，并且缺少活力，所以哈姆雷特确实看起来很抑郁。然而，如果把这种情绪的解读与哈姆雷特是个懒惰的人这一认识结合起来，我们不仅仅能够更好地理解这部戏剧，还能够更深刻地了解人性。不仅仅是哈姆雷特悲伤那么简单，而且他相信他当前的境遇已经无法改变了，即使他能够证明他的叔父和母亲合谋杀害了他的父亲，他认为自己也做不了什么，因为他相信没有任何统治者的权力能够让这个世界步入正轨。他放弃了做任何变革的希望，放弃了自己，也放弃了他那个社交圈，因此他这个人缺少活力和决断性。他始终无法相信，权力能够让未来变得更加美好，最终导致了该剧充满血腥的悲剧性结局。《哈姆雷特》让我们深刻地认识到情境如何扩大某个人的性格瑕疵，在其内心引发一系列的情感，进而导致了某类行为的发生。当一个人觉得被冤枉，而且再没有昭雪的机会时，其行为会发生巨大的变化，变得不可预测，从不活跃到狂躁暴力。依据这样一个传统的知识，《哈姆雷特》的读者可以更清楚地知道，有些人在特定的情境中会做出怎样的行为。

接受过自由技艺传统教育的人在他们的大脑中存放了哈姆雷特和许多其他对人类行为的复杂微妙的描述，这样，大脑的模式认知能力就能够从这些复杂的模型中提取出普遍规律，而接受过逻辑训练能够提升人们适应这些规律的能力，并能修正这些规律以适应当前的情境。

当这些能力在交流中与技巧结合在一起时，其结果就是，那个人能够做出正确的决定，并能够让他人信服，最终帮助他落实那些决定。在世界历史中，最强大的工具就是受过训练的人脑，一千年以来，最敏捷和适应性最强的大脑就是那些接受了传统人文教育的大脑。

思考工具“屠龙术”的日常应用

屠龙术指极为高明的技术或本领，但在现实中用不到，缺乏实用性的技巧。例如政治学、国际关系学等，这些自由技艺看着高、大、上，但在日常生活中并未能够进行有效的运用，但事实真的是这样吗？

国际关系学可以教会我们如何处理人际关系，社会学可以锻炼我们的调研能力，而根据调研能力可以提高我们对事物的认知，这种认知又可以帮助我们与各个阶层的人进行沟通；哲学教会我们如何在混沌不明的环境中做出判断，而混沌不明环境的最佳体现就是股市，所以投资界有很多哲学家，会投资的人也有自己的投资哲学。

自由技艺带给我们的起点不高，但是如果学会了真本事，拥有自由技艺的人也是最容易获得成功的。

40年来，美国人就读学院和大学的费用其增加速度远远超过了其家庭收入。例如，卡内基梅隆大学的学费在1986年的时候是每年1500美金，2017年这一数字接近60000美金。同时，在2008年经济危机之后，十年的经济停滞减少了父母的收入来源，同时增加了个人投资高等教育所预期的经济回报的不确定性。虽然自由技艺是统治工具，是个人和社会成功的基础，但在一开始，学习自由技艺的经济回报不如学习科学产生的回报大。然而，从长远看来，学习自由技艺的收益，也许会比学习其他专业多得多（有效领导力是一个人能够具有的唯一一个最有价值的技能，相应地回报也要更丰厚），但并不是每名学生都能忍受一开始的低回报，尤其是家庭状况不太好，或是有大笔的学生贷款需要偿还的年轻人。各种因素结合在一起——消费增加、经济前景不确定和回报过慢，导致许多支付大学学费的人们，越来越不愿意支持他们的孩子在那些不能快速带来明显且确定的大笔回报的领域学习，而学生也比以前更担忧，他们能如何利用自己的学位谋生。与过去不同，只上了大学并不能保证事业成功。

以上结论不是我个人的推断。我经常在我教书的小小的人文学院里给准大学生做讲座，一直以来他们的家长始终担忧，如果他们孩子主修像英语或者中世纪研究这样的自由技艺专业，那么孩子的事业前景会怎样。一位父亲，明显为他女儿的学业成绩和对古英语文学这样深奥的东西的兴趣引以为豪，于是当时代表许多人发言，他说："我真的担心我的家庭不够富足，无法支持我的女儿选择英语专业。她需要自己偿还学生贷款，我不知道，凭借英语学位，她能找到什么工作——教书甚至当一名英语教授收入都不太高。拿着中世纪文学的学位，她又能做什么呢？"

自从2009年开始，每一个学期，我都会被问到与这个同样的问题，这些问题基本上大同小异，这也是我在本书开篇就给出了答案的原因。接受自由技艺训练的人最终将被提升为某个机构的领导者，并将由此获得由这一角色带来的声望和经济回报和责任。解决复杂且混乱问题的能力、有效交流的能力和领导他人的能力都有着巨大价值，这就是组织机构会回报那些拥有这些技能的人的原因，那些组织机构还非常重视在自由技艺取得成绩所需要的自律性和智力能力。毋庸置疑，只有自由技艺学位并不能保证，学生刚毕业，就能迈入高收入、受人尊敬的职业，但如果以我教过的学生在过去二十年的职业经历为例的话，那么在自由技艺取得成绩的那些人将会晋升到他们所在机构的顶层。

学习自由技艺对于领导才能，进而对事业成功是非常重要的，支撑这一观点的另一个论据来自精英阶层教育他们自己孩子的方式。就像古罗马贵族一样，“自由的人们”——自由技艺即由此命名，**当代社会、政治和经济的精英阶层就用传统自由技艺知识教育他们的孩子。**在美国最昂贵且最富盛名的私立学校其本质都是自由技艺学院，专门教授12~18周岁的孩子，而不教18~22周岁的成人。这个富有的权力阶层支付大笔的钱财（常常超出顶级大学的高昂学费）用这样的方式教育孩子，因为这个统治阶层的成员也想要他们的孩子统治他人。在精英阶层的私立高中，其课程设置就是重视传统的自由技艺教育。如果你观察一下精英阶层都在做什么，而不是他们说什么，你就能清楚地认识到，哪些途径才是最有效的。

对于那位担忧他的家庭不够富裕，无法承担奢侈的自由技艺教育的父亲而言，这两个论点可能都无法让他觉得完全满意。由于学习自由技艺，回报会被推迟，其造成的经济损失和机会损失可能非常巨大，所以学习这类学科并非对于所有处于不同情境下的学生都是个最佳选择。一个学生要面对偿还大量贷款的需求，也许需要更多立竿见影的经济回报，而这些可以通过学习经济或者科学获得：有时，我们无法避免在长期受益和短期收益之间做出权衡。

然而，在其他条件都势均力敌的情况下，科学和经济类学科，相对于自由技艺，确实给学生个人带来更多的回报，而且为社会创造出更多可见的有价值的成果。然而，一切事物都不可能真正的平等。任何一个人对于科学和自由技艺都同样擅长，这一想法是错的，而且无法确定一个平庸的科学家或者生意人会比一位优秀的教师、作家、教授或者管理者更成功。事实上，一个擅长英语或历史或哲学的人将习得解决复杂问题和领导他人的技能，因此最终会得到回报和成功。

CHAPTER

4

自由技艺为个人和社会赋能

自由技艺让个人和社会变得更好

前一章我们看到，自由技艺的精髓“三艺”转化为意见领袖的统治工具。自由技艺教授的思维方法赋予个人力量，让人们学会如何做出有效决定以及如何让他人信服。近年来，受理工科教育激发的思维方式在世界范围内成就了众多领导者。工具无所谓道德不道德，人才有好坏优劣之分，然而，工具的具体功能确实能鼓励使用者采取特定的行为。经年累月，工具就可以塑造其使用者，即便使用者创造了工具。带有浓厚军事传统的文化，例如古代的斯巴达，就倾向于强调等级化的决策、服从和英勇无畏的精神。商业贸易主导的文化，比如古代的雅典或者文艺复兴时期的威尼斯，倾向于民主决策、个人主义和手腕策略。军事、宗教或者商业教育会使一个人倾向于某些特定的世界观和方法，自由技艺也具有同样的作用。

我们这些教授自由技艺的人认为相对于其他途径提供的教育，我们的这类教育在道义上更符合规范，那些学习自由技艺的人更可能做出符合道德规范的选择，从而为自己和其所领导的人带来更大的幸福感。学习自由技艺会自然而然接触到道义上的内容，所以通过学习自由技艺，除了获得一种能力，更好地使用这些思维方式赋予你的权力，你还会成为一个更好的人。其他智力性学科的支持者当然认为他们自己的方法更好：军事教育的支持者会说，依据他们的传统教育出来的人才是更优秀的领导者，因为他们自律、坚强和忠诚，这样说也不无道理。同样，支持宗教的人也会说，他们的教育方式会让人们做出符合道德标准、善良且宽容的决定。这一章就是要明确自由技艺教育是否会为个人和其生活的社会带来好的结果。

然而，即便是这样的论断也是难以论证的，因为历史数据多多少少都有些模糊不清。例如，自由罗马人创造的社会和文化数百年来一直主导着地中海周边地区，并在科技、土木工程、建筑、艺术、文学、商业、通信、医疗和交通领域取得了巨大的进步，其中许多成就都可以直接追溯到瓦罗的“九门学科”和后来的“七艺”，甚至那些连属于自己的名字都没有的学科也是建立在因自由民学科教育的出现才能有效运作的社会组织和领导才能之上的（虽然许多罗马人也在服军役的过程中得到了历练）。然而，罗马的辉煌还有其更加黑暗的一面，建立并维系这个伟大文明的人、家族和机构同样也是残忍冷酷和专制暴虐的，罗马丰富发达的文化并没有阻止尼禄、卡利古拉或者戴克里先和所有执行他们命令的自由人进行暴力和不公正的统治。那些加速罗马帝国沦陷的腐败堕落的精英们，和伟大仁慈的罗马国王图拉真、哈德里安和马可·奥里利乌斯一样，也接受了同样的传统自由民学科教育。所以，历史证据是模棱两可的，我们不得不依赖其他数据。

为了证明这一想法，即自由技艺会让学生成为更好的人——自身变得更好，并且更可能引领他人达成一个好的结果，我列举了以下四个主要论据：

一：真实。

自由技艺会帮助人们看见这个世界的真实面貌——尤其是人类世界，了解这个世界真实的一面能够帮助一个人正确地为人行事，进而成为一个好人。

二：共情。

文学、艺术和音乐帮助人们去想象置身于其他情境之下是什么样的，因此人们能够理解他人的经验和观点，这种共情有助于掌权者变得更加乐善好施。

三：自律。

学习自由技艺，就像钻研科学、从事体育运动、学习音乐或习武一样，需要自律。学生最终通过摒弃让自己愉悦但不正确的想法学会如何思考，他们学会如何集中注意力，排除不相关因素，最后控制自己不好的欲望，自律和理性让人们更可能引领社会取得好的结果。

四：怀疑。

学习自由技艺，相对于学习科学而言，能够促使学生认识到知识是多么地不完整且具有暂时性，所以我们常常必须依赖非常不完美的粗略估计做出决定。明白了有许多理由去怀疑，领导者就会更善于自我批评，而且在没有非常好的理由的前提下，很少把他们的个人意愿强加到他人身上。

以上每个论据都是事实，但正如我们所看到的，也都有些问题。没有一个论据是理由完全充足的，但或许这些论据作为一个整体就具有了合理性和说服力。

真实思维：让你看清真实的世界

“真实”这一论点可以追溯到柏拉图，以及他和与其争雄的诡辩家们之间的斗争。诡辩家们仔细观察了政治事件中游说的运作，由此发展出了一些训练人们成为更好的游说者的方法。然而，对于论据中道德性的问题，于这些诡辩家而言，却是无所谓的。不管胜利者是对是错，他们都会主动教授学生能够取胜的技巧。柏拉图不接受诡辩家们的观点，认为找到真理远比赢得辩论重要得多，真理本身就是一种修辞工具——也许是最强大的工具。虽然柏拉图也认识到诡辩家们说的，有些事情更吸引听众，但他坚持认为存在永恒的真理，而且最终人们会相信行事的正确途径，因为真理才是这个世界实际运作的方式。诡辩家们会说：“我们将教会你如何赢得辩论！”而柏拉图说：“我将教你如何找到真理，并且由此你会水到渠成地赢得辩论。”

这些观点之间的智力博弈持续了两千年之久。诡辩家衣钵的继承者们认为没有绝对的真理，只有观点和思想，所以赢得辩论才是关键，因为赢得了辩论会赋予你权力，而权力自然会生成“社会的真理”。柏拉图哲学的信众则反驳道，人们通过推理和调查至少能够发现近似的永恒真理。自由技艺从未能完全地解决这一争论，但是逻辑学可以帮我们澄清这一争论的许多细节。

当一个争论停滞了许久之后，有时会有助于我们彻底改变原有的思维方式，去看看某个崭新的观点会把我们引到哪里。

如果你对证明某个特定的观点感兴趣，那么就假设那个观点的对立面是真的，然后从假设开始推理，尽可能沿着这条推理线走下去，如果最终得出了自相矛盾的结论，那么你最初的想法可能就是对的。

柏拉图认为，了解这个世界的真实情况，会让你成为一个更好的人，所以我们可以假设相反的观点是对的，即了解这个世界的真实情况会让你变成一个坏人。如果这一假设是真的，那么如果对这个世界你所了解和相信的都是谎言，这个世界就会变得更好，因为相信某些谎言能够提升自我，并且改善他们所生活的社会。然而，因为谎言是不正确的，所以会让相信这些谎言的人们对于这个世界产生不正确的理解。不正确或者不完整的知识相对于正确的知识更可能导致错误的发生，所以相信许多谎言的领导者更可能犯下各种或是伤害自己或是伤害其追随者的错误，由此，你可以看到这一论点最终会走向哪里。如果我们假设，对于这个世界，了解谎言要比了解事实好一些，那么最终将得出一个逻辑混乱的结论，因为虽然错的认识可能让你在某方面或者短期内成为更好的人，但不正确的知识更可能在长时间内导致错误的决定：犯错有很多种途径，但把事情做对只有一种途径。

例如，如果人们真的无恶不赦，但你又错误地认为他们是好人，你很可能是善良仁慈的人，虽然善良是当今社会公认的美德，但你做的许多其他决定将不会产生你希望的结果，因为人们不会像你期待的那样行事为人。这个世界相信谎言要比了解事实更好，如果这一论点得出的是自相矛盾或者荒谬可笑的结论，那么这一论点的对立面就很可能是真的。因此，上文有关“真实”的论据相对于不知道真实情况的论据在逻辑上更胜一筹，这一论述支持这样一个论点，即学习自由技艺能够产生好的结果。然而，若要进一步证明自由技艺优越于其他领域的学科，以上论述还远不能让人信服，因为其他学科——尤其是理科，当然也可以声称他们的学科能够比自由技艺更确定地找到事实。

共情思维：让你更好地理解他人

虽然“共情”之论据没有像“真实”之论据一样有着深远的渊源，但一直有人推断说，学习自由技艺能够增加一个人理解他人和与他人产生共情的能力。关于这一想法哲学家艾丽丝·默多克给出了最有说服力的概括，她说：“文学是为了表明其他人是真实存在的。”① 历史和我们自己的观察说明，人类不是特别擅长相信他人和自己一样，有着完整的或复杂的或充分展现人性弱点的内心世界。一旦我们发现他人和我们意见不一致，或者与我们期望的做法不同，我们就开始相信，那个人一定很愚蠢，或者没有远大志向，或者有很多缺点，甚至是个坏人（除非他们与我们意见相同，做法一致）。文学与艺术有助于我们克服这一倾向，让人们凭借想象力去体会他人的情感与思想，看到他人的真实想法，这样有助于在我们和他人之间建立起沟通的桥梁。

文学与艺术的力量长久以来一直受到人们的认可。据说，亚伯拉罕·林肯总统会见《汤姆叔叔的小屋》的作者哈丽叶特·比切·斯托时，曾说：“你就是写了那本创造了这场伟大战争的书的小女人！”② 虽然斯托的书从未刻意为战争而辩护，但林肯承认，斯托的《汤姆叔叔的小屋》所引发的对被奴役的非裔美国人的共情让人们相信，奴隶制太邪恶，因此不能允许其在美国继续存在下去。斯托做到这一点，并没有通过在作品中反对战争或者做任何有逻辑的论述，而是通过以某种方式来描绘人物，让读者感受到他们的痛苦，并因此从情感上承

---

① 艾丽丝·默多克：《网之下》（伦敦：查托及温德斯出版社1954年版）；艾丽丝·默多克：《存在主义者和神秘主义者：关于哲学和文学的写作》，彼得·康拉迪（纽约：企鹅出版社1995年版）。

② 对于林肯总统的这一说法，没有明确的文献出处，其来自于斯托家族史。林肯总统把美国南北战争视为一场悲剧，这种观点是正确的，所以他不大可能说出那样的话，然而这句看似不太真实的引言确实准确地说明了《汤姆叔叔的小屋》所产生的巨大的影响力。

认奴隶也和美国自由的白人一样有着各种各样的内心生活。[①] 正是因为这种共情，人们才愿意为了结束奴隶制做出伟大的牺牲。

威廉 · 福克纳的《喧哗与骚动》向我们展示了精神上有严重疾病的人是如何看待这个世界的，有助于我们理解比奴隶和自由人的想法还要与众不同的视角。还有些文学作品能够拓展我们共情的范围，超越人类之情感，让我们感觉自己似乎与智能机器人、外星人甚至动物有着相同的体验，并且能够理解它们的观点。理查德 · 亚当斯的《兔子共和国》让读者深切地关注兔子们的生活，文学的力量甚至能够让鼹鼠的遭遇感人至深。[②] 文学作品与艺术有着强大的力量，能够让读者和统治者凭借想象体会老弱病残、被剥削者、被压迫者和绝望的人们的感受。也许，这样的领导者相对于那些没有体验过这类情感联系的领导者，更可能成为善良的、乐于助人且有仁爱之心的人，因为他们能够把对情感的直觉力以及逻辑推理运用到决策上。

然而，这一论点还有些重要的问题。首先，即便我们接受这样一个前提——即文学、音乐和艺术能够使领导者更具有同理心，我们还是不能证明这样的共情肯定能促成更好的决策。充满想象的作品在某些方面影响力之巨大，甚至能够掌控我们的情感。我们很容易发现，艺术、文学和音乐虽然能够促使我们与某些主人公产生共情，但也能够滋生对他人的仇恨与蔑视。当这些情感从文本中抽离出来，进入真实世界时，就会产生消极作用。例如，电影《勇敢的心》就具有强大

---

① 今天，当我们再读《汤姆叔叔的小屋》时，会认为里面的人物原型都很粗俗，这也是为什么在非裔美国人的群体中叫某个人“汤姆叔叔”是一种非常恶劣的侮辱。然而，在那时，斯托把奴隶描绘成善良、诚实并且高尚的人，这一做法确实是革命性的，这本书确实有助于美国大众相信，奴隶制度是邪恶的。

② 威廉 · 霍伍德的《邓克顿伍德村》（*Duncton Wood*）（纽约：麦格劳–希尔教育出版公司1980年版）和随后的续集是一部宏大的梦幻系列作品，其中主要角色就是鼹鼠。

的感染力，似乎在重新激起苏格兰人对英格兰的敌意上也起到了一定作用，导致南斯拉夫解体的军事冲突的一个促因就是科索沃在文化上的重要地位和塞尔维亚文学文化中的“画眉之域”（科索沃盆地）战役。所以，文学与艺术能够激发更多的共情，进而产生有益的结果，这一点在最开始看来显而易见，但我们不能单纯地认为结局都是好的。甚至有些情况下，我们可以认为文学和艺术也会让人们对邪恶产生共情，因此以一种不可见的方式削弱了社会秩序。例如，电影《死囚漫步》就让观众给予了将被处以极刑的杀人犯比受害者更多的共情，因为受害者已经不在人世，无法激起人们的同情心。这部电影感人至深，许多观众由此重新思考死刑是否道德。[①] 这样的共情是否完全正确，我们很难知晓，因为这种情感可能促使我们更加珍重杀人者的生命，而不是惋惜被杀害的无辜生命。或许，有些情境下过多的共情和没有共情一样不值得提倡。

美国小说家唐·德里罗在小说《走狗》中创造了这样一个情景，小说情节是这样展开的，人们寻找被认为是世界上最色情的影片，这部影片是苏联和美国的军队进攻柏林时在希特勒的地堡中拍摄的。这部想象中的影片最终在小说中揭开了面纱，读者惊讶无比地看到，其中没有任何性行为。相反，录像中显示了阿道夫·希特勒模仿查理扮演他自己的滑稽样子，使出浑身解数为受到惊吓的孩子们打气。录像中希特勒所做出的仁爱之举说明了他既是一个有自知之明的人，同时还是一个自嘲谦逊的人，这一点对于小说中看了这个片子的那些人和我们这些读小说的人来说都是极具震撼性的。人们发自内心

① 虽然人们知道这部电影是一种刻意的宣传手段，但还是不能完全弱化其在情感上的影响力，我们应该在理智上更加注意防范电影对我们的影响。

地厌恶这样的想法——一个背负着数以百万计性命的魔鬼竟然能做出这样的举动！我们也许从理智上知道，历史上最大的恶人在真实生活中的样子要比人们对他们的臆断复杂得多，然而除非是艺术的力量驱使我们，否则大多数情况下我们还是会避免这个想法波及我们的情感。要论证受到触动进而对恶魔产生共情可能是件好事也不是不可能，且这样做能够帮助我们重新思考那些没有经过审慎核查的假设和本能的判断，[①] 然而我们已经被德里罗完全驾驭的直觉告诉我们对希特勒的共情好像是错的。我们非常理性，因此害怕自己的情绪被掌控，进而从共情发展到接受甚至支持邪恶之人的地步，没有什么明确的方法能够遏制这样一种影响力，因此文学和艺术只有把我们引领上正道才是题之要义。

这里，"真实"之论据可以作为这个问题可能的解决途径。如果学习自由技艺确实能够把我们引领向真理，那么我们就应该能用那些知识来决定在既定情境中自己是否应该产生共情之心。比如，如果确实存在希特勒安抚受到惊吓的孩子们的录影，我们仍然可以用逻辑进行推理，一个小的善举不可能弥补杀害数百万人的兽行，所以虽然我们也许感觉到自己动了恻隐之心，但还能用理智抵制这样的情绪。共情之心泛滥造成的潜在负面结果由此会被专业的文学文化修养所抵消。事实上，即便不接受"真实"之论据，也不接受"共情"之论据，我们仍可以认识到学习自由技艺能够帮助我们更加主动地去感知文学艺术能够掌控我们情感的各种方式，因此，我们可以同时运用逻辑与修辞从理智和情感上赏析艺术作品。总而言之，如果接触文学、艺术

① 德里罗选择希特勒是有意造成一种冲击力，这种冲击力也许非常有效，因为对多数读者而言，希特勒就是那个在当代西方文化中人们不可以产生共鸣的历史人物。

和音乐能够让我们产生更多的共情是显而易见的好事，那么我们只要多多研读文学、多多观赏艺术、多多聆听音乐就万无一失了。然而，因为过多的共情可能是积极的，也可能是消极的，所以我们需要接受正规自由技艺教育的训练。

自律思维：让你摈弃使自己愉悦但错误的想法

这一观点认为学习自由技艺需要在智力上做出各种努力，进而训练人们以多种方式进行思考，使其在生活的其他方面受益良多。这并不是一个有争议的观点，艰苦、严格的学习——尤其是出于有意的选择而不是外界的强迫，能够培养专注、奉献和坚毅的品质，而这些美德正是实现个人成功和有效领导力的基石。

然而，这一论据的薄弱点在于，以上这些作用，其他任何一种教育方法也做得到。如果学习自由技艺提供了有益的智力训练，那么学习理科、社会科学、商业、宗教或者武术也能达到同样的效果。事实上，许多人很可能认为理科要求人们具备更多的自律性，因为理科与逻辑联系更加紧密，并且是以数学为基础建立起来的。社会科学与数学的联系不多，逻辑上也没有自然科学严谨，但社会科学对于自律性的要求与自由技艺相比似乎有过之而无不及。然而，这一章中我的主旨并不是论证自由技艺优越于其他学科，我只是想说明：**自由技艺能够帮助个体变得更优秀，帮助领导者正确行事，而“自律”之论据确实支撑了这一论点。**

怀疑思维：防止草率并给予个人纠错的机会

最有争议性的，就是“怀疑”这个论据了。学习自由技艺迫使学生意识到我们智力上的论断与情感和欲望紧密相关，一个人很难确定地说我什么都知道。学习自由技艺时对于错综复杂、逻辑混乱的现象知道得越多，就会更多意识到，我们无法把所有相关变量隔离开来，在解释变量之间的相互关系时，我们常常缺少明确严谨的原理准则。我们知道，甚至看似最基本的事实也比我们想象的要模糊得多，自相矛盾得多。我们发现历史有许多偶然性和运气的因素，真实事件要比我们臆想的复杂含糊得多，而且有些历史事件——即便在许多高级的学术文献出处中，其记录的发生时间时而会早于实际发生的时间。在人文教育的某些特定阶段，你学得越多，对你掌握的知识就越没有信心。

换个角度来说，这种“怀疑”精神如果能够防止领导者把坏点子强加于他的下属，就是有益的。由于学习自由技艺能够激发怀疑精神，你对自己的想法没有十足的把握，也就不大可能强迫他人去执行，进而在你的想法恰好是错误的时候遏止坏决策的执行。**怀疑精神有助于防止我们做出草率的决定，同时给予我们纠正错误的机会。怀疑精神让人谦虚谨慎，而这一点正是那些身兼重任的人必须具备的品质。**

然而，怀疑精神也有其负面效应。威廉 · 巴特勒 · 叶芝在其诗歌《二次圣临》中写道“好人缺乏信念，而坏人则狂热到极点”，以此控诉20世纪的欧洲文化。[1]虽然怀疑的人们不太会义愤填膺地反抗那些态度明确的人，但如果那些过度自信的人错了，而且人们对于其错误反抗无效，后果就不堪设想了。例如，那些热衷于某种宗教或意识形态的人常常自负地认为自己的方法是对的，因此愿意花费大量的精力，努力把自己倾向的秩序强加于社会。接受了自由技艺教育的人，具备

① 威廉 · 巴特勒 · 叶芝：《迈克尔 · 罗巴茨与舞蹈家》（*Michael Robartes and the Dancer*）（都柏林：卡拉出版社1921年版）。

充足的历史知识去质疑确定无疑的论断，他们在心底也可能质疑自己的怀疑精神，所以也许不会像他们本该做到的那样进行强烈抵制。与此同时，正如文学艺术作品激发出的共情不可能平等地分配到社会所有成员身上一样，学习自由技艺创造出的怀疑精神在任何一个既定时刻也同样不会被等量地运用到每一个研究现象中。人性中固有的“证实性偏见”让我们更可能相信与自己愿望一致的事，我们关注那些符合我们观念的现象，而不会去辨识其中相互矛盾的数据，或者，即便我们注意到了那些数据，还是会强烈质疑与自己假设相左的信息，我们的质疑精神甚至也是带有偏见的。所以，“怀疑”之论据其本身不足以让我们相信，自由技艺能够让你成为一个优秀的个体和领导者。

如上文所见，“共情”之论据是由“真实”之论据支撑的。我们也看到“自律”之论据帮助解释了，为什么我们可以预期自由技艺的学生能够抵制那些通过共情被过度掌控的现象的发生。“怀疑”之论据也能够平衡“事实”之论据，所以，以上四个主要论据虽然没有完美地结合在一起，但也不是完全独立的。“真实”“共情”“自律”和“怀疑”这些论据放在一起就可以支持这样一个论点——学习自由技艺能让你成为一名更优秀的个体和领导者，但还不足以完全支撑起这个论点。自由技艺是统治工具，由此可以赋予人们以对他人行使权力的力量，与此同时，把行使权力引入更可能走向好结果的康庄之衢。然而，我们无法保证，学习自由技艺只产生好的结果。虽然自由技艺确实让我们成为更好的人，但这不是学习自由技艺最重要的原因。在下一章我们将会看到，学习自由技艺最好的理由是自由技艺教我们如何思考，那些思考方式对于解决复杂混乱的问题尤其有用，自由技艺的这一思考能力一直世代相传。

CHAPTER

5

学习自由技艺的最好理由：

解决复杂问题与传承文化

在上一章中，我们已经论证了学习自由技艺是否能让人们更倾向于成为一个好人，进而更可能生活幸福，并且成为更优秀的领导者。另外，再和我们已经证明了的观点——自由技艺提供了提升个人领导力或者管理能力的智力技能，二者放在一起，就是学习自由技艺一个极其有说服力的论证。我们将在这一章看到另外两个让我们理应高度重视自由技艺的更加有力的论据。第一个论据是自由技艺教授的思维方式能有效地解决复杂、模糊的问题，第二个论据是自由技艺的传统保留并传承了前人的文化成果，这样后世就可以在这一基础上有所建树。两个论据放在一起，足以说明自由技艺不仅仅对于个人有价值，其对整个社会也是有价值的，因为自由技艺使我们能够向着解决复杂问题的方向前进，而这些问题的复杂性穷极一个人一生的创造力、智慧和努力也是远远解决不了的。

用简单的方法应对复杂的世界

多元化的、尚未被理解的和混乱的问题不大容易使用物理学和工程学中孤立的办法进行解决，而这些恰恰就是我们的文化中最让人困扰的问题。这里并不是在批评那些以科学为基础的学科，相反，这些学科在提高人们生活质量方面做了许多贡献，而且数百年来其作用力一直以极其审慎的态度发展着。研究从牛顿到20世纪末的物理学史，即使不考虑其中大量的技术成果，只专注于在理解物理世界的运作方式上其在智力上取得的战果，你仍会惊讶地发现，在这样短的时间内物理学竟取得了如此之多的成就。我们常听说，“那是工程学的问题”或者“只是一个物理学问题”，虽然听起来感觉说话者有些不屑一顾，事实上却是对物理学所取得的大量成果的认可。正因为数百年来许许多多的伟人建立了解决这类问题的思维工具，所以今天才会有人说“简单”。

然而，许多最棘手的问题仅仅凭借技术性方法是无法解决的，因为这些问题可以用技术性方法解决，那么早已经解决了。正如上文讨论的，科学就是发展出有效方法论的自由技艺，那些没有成为科学的领域就是其重点研究的问题使用科学方法也解决不了的领域。在那些领域里，我们进行了许多各种无法量化的投入，各种相互作用极其复杂且是非线性的，个人的观念、价值观和解读是某一现象的重要组成部分，因此，使用科学的方法常常不能得出答案。同样，在一些涉及调查分析的领域，在确定是否是事实这件事上我们就会遇到麻烦，所有的数据都是片面的，模糊不清的甚至不被理解的，这种情况下科学的方法常常也是无能无力的。

自由技艺就非常擅长处理这类情况。例如，让我们想一下，你领导一家公司，并且正在考虑把公司业务拓展到世界上某个不熟悉的地域。你认为，这个市场对你的产品或服务来说非常好，但是你还需要评估风险、成本、可能的利润和由于扩张所导致的潜在风险。如果读过商科学校，你当然知道如何制订商业计划，你有习得的方法、决策图表和经验法则，这些都有助于你制订计划。然而，你还有一个最基本的问题需要解决：你所有的信息源都有着这样或那样的问题（有时甚至许多方面都有问题）。发布的信息既是不完整的，同时也是带有偏见的，因为编辑这些信息的个人或机构，通常不会告诉你他们真正的目的或真实的想法。你手上的有些信息也是从之前提供信息的机构那里得到的，这些信息大部分已经被使用了许多次，甚至这些机构早已经倒闭了，所以你很难辨别信息的真实情况。你知道，自己的信息提供人有时也是带有偏见的，他们提供的信息常常是不完整的，而且你不确定他们到底有没有在假公济私，或者仅仅是把你的意思理解错了。你还不能一股脑儿地认为所有的信息源都不可信（那样你就没有信息了），但你又不能全盘接受，所以你必须对不准确的信息进行评估，看看这些信息与普遍的模式以及与你对类似情境的其他知识经验是相互关联还是相互矛盾的。随后，你将用主观的措辞评估信息质量，但是不能过于主观，过于主观就不能把你的语言与真实世界对应起来了。然后，合成一个针对特定情景的假设模型，并随着收集的信息越来越多，不断调整模型。这样，你就可以基于经验、原则和评估的数据做出判断了。

以上观点无意冒犯商科学校所做出的成就，但在教授这样的推理方面，自由技艺要强于其他任何学科。事实上，许多商科学校的教育都是基于“案例研究”的，针对这些案例，学生们调查解决问题并进行决策。虽然“案例研究”一词来自社会科学和医学研究，但案例研究确实是一种自由技艺方法；它们等同于我们详尽地研究个别历史事件、文学文本、艺术作品或者音乐作品，并利用由此获得的知识，粗略地勾勒出一些重要原则。商业学校使用案例分析，正是因为商业领导力这种有的放矢的应用真的只不过是一些自由技艺技巧，而不是其学科自身的方法。

在研究所有人类的活动和创造时，我们不得不同时进行不同程度的理解，虽然我们的研究重点会依据我们期望理解的内容的不同发生转变。有时我们专注于表面水平的理解，试图找出文本确切的意思是什么，一幅画展现了什么，某个战斗中发生了什么。还有些时候，我们需要把现象置于更加宽泛的历史或者文化背景下，认识到文本中某一个看似奇怪的特征（例如，一闻到大蒜味就逃跑的怪物）事实上是读者已经认出了的某种体裁规约的一个实例，[①] 或者认识到某个看似针对政客荒唐可笑的攻击性言语（说他的妈妈没有鼻子，侮辱他）[②] 也是文化传统的一部分。还有些时候，我们必须对偏见做出解释：一位历史学家也许不仅仅是在颂扬某位古代君王的优秀品质，而是因为这些品质与某位当代统治者的性格特征截然不同；另一位历史学家也许想要阿谀奉承这位统治者，所以会更加关注他过去不同的方面。例如，罗马历史学家塔西佗对批评他那个时代的罗马贵族和谈论日耳曼民族的真实言行一样兴趣浓厚，所以我们永远不可能明确地知道他是在准确地描述日耳曼人的习俗还是仅仅为了表达政治观点而胡编乱造。面对这类挑战，我们必须找到方法，把细小并有可能相互矛盾的信息片段合成某种具有连贯性的整体。

---

① 吸血鬼讨厌大蒜的传统源自布拉姆·斯托克的小说《吸血伯爵德古拉》。斯托克从丰富的民间传统中用以驱除吸血鬼和其他妖魔鬼怪的众多植物中只选取了这一种，但因为斯托克的小说是众多吸血鬼小说的开山之作，大蒜驱魔的传统由此得到广泛应用，所以20世纪和21世纪的观众自然而然地就认为吸血鬼讨厌大蒜。

② 一位曾经在蒙古做田野调查的人类学家曾经告诉我，他研究的传统文化中许多最无礼的辱骂基本上都是围绕着一种暗示展开的，即一个人的亲戚得了梅毒，如果没有进行治疗，晚期疾病会造成鼻梁塌掉。

米开朗基罗的秘密

上面就是对自由技艺所面临的那类问题以及将怎样解决这类问题的一个非常抽象的描述。如果以更加具体的形式展现出来，理解这一过程或许会容易些，所以为了达到这一目标，我们将详细地调查自由技艺是以怎样的方式帮助我们理解一系列复杂的文化作品为什么是它们所呈现的样子——比如米开朗基罗在西斯廷大教堂的著名画作。[①]

首先，我们只需要看。虽然这样“看”，不是什么秘诀技能，但单纯的看、读或者听即便在自由技艺中也是常常被人忽略的技巧。教授和学生常常急于使用它们的分析工具，却忽视了同样重要的感官工作（但是艺术史和音乐史学科尤其擅长训练学生的感官能力）。所以，第一步是仔细观察米开朗基罗在教堂天顶上和墙上的画作，努力理解我们看到的东西。在天顶中心的一处地方，我们看到了一个留着胡须的人把一只手伸向一位年轻人。如果我们了解西方文化，就会马上知道，这就是那幅描绘了上帝创造第一个男人亚当的故事的著名画作。这一认识说明了，即便在分析之初，作品观赏者所做的工作仍是自由技艺的核心工作——不仅仅将画作为一件物品来理解其自身的含义，还要根据在他处了解的艺术作品和信息来解读作品的意义。艺术史学家收集了大量有关画像研究的数据——画像研究的传统就是把具体形象与特定的意义联系起来，他们能够使用这些积累的知识来确认西斯廷大教堂中画作的形象，把画中的情景与圣经传统中具体人物和故事匹配起来，随后我们才能把米开朗基罗的描述与故事本身进行比较。

---

① 要找到更详尽的讨论，见于罗伦·帕特里奇：《米开朗基罗——西斯廷教堂的天顶画》（纽约：乔治·布拉齐勒出版社1996年版）。

然而，这样的比较听起来容易，做起来难，因为正如我们在讨论文献学时所提到的，随着时间和空间的变化，圣经文本不总是一成不变的，因此我们必须确定米开朗基罗知道的是哪个版本。只有在这样的前提下，我们才能努力品读那个文本，进而根据语言和文化语境来弄明白米开朗基罗对文本的理解程度。因此，我们既需要学习阅读文本所用的语言（这里是拉丁语），或者对学术传统足够了解，在我们有信心使用那个文本帮助我们理解画作之前，知道哪些翻译是我们可以相信的。

即便在这种情况下，只有文本还是不够的——我们也许需要对文本或者其所在的文化语境进行学术研究。比如，虽然西斯廷大教堂天顶画包含了许多《旧约》故事中的情景，摩西是《旧约》中最重要的人物之一，但米开朗基罗在天顶上一个摩西都没画。[①] 然而，摩西确实出现在了桑德罗·波提切利在西斯廷大教堂的壁画中。在那幅画作中，一束束光芒在摩西的头顶闪耀。但当米开朗基罗为美第奇家族的陵墓创作摩西的雕像时，这位雕塑家没有在摩西的头上雕刻一个光环或者一束束光芒，却在这位希伯来立法者的头顶雕刻了两个短粗的像牛角一样的东西。为什么摩西在这尊雕像中被雕了两个角？雕刻两个角这件事发生在西斯廷大教堂完工的五到七年之后，而波提切利的壁画中摩西却没有角，难道他完成壁画比米开朗基罗开始作天顶画还要早？事实证明，对于摩西的画像研究始于对希伯来词汇karan的误译，《圣经》的早期编辑者和翻译者圣杰罗姆认为这与词根keren有关，这个词根的意思是“有角的”。实际上，希伯来语karan一词意思是“闪

① 没有画任何摩西的形象，米开朗基罗却描绘了一群犹太人围着蛇的情景，这只铜蛇就是上帝为了治愈那些被毒蛇咬伤的人告诉摩西建造起来的。

耀的”或者“光芒万丈的”，但杰罗姆的翻译却成了范本，并被纳入了《圣经》的拉丁语译本，所以，数百年来，摩西就被描绘成有角的，米开朗基罗雕刻摩西像正是依照这一传统。① 然而，在1513年至1515年间米开朗基罗雕刻摩西之前，这个错误在拉丁语《圣经》中就已经纠正过来了，我们能够推断，即便不是学者的人也知道“光芒”的翻译更加准确，因为这就是波提切利在其壁画中所描绘的，他的壁画创作于1481年至1482年之间。因此，米开朗基罗决定把角放在摩西的雕像上，不可能是错译那么简单，因为这个错译之前已经被纠正过来了。

我们不知道，米开朗基罗特定的艺术选择是受到他当时的政治和历史情境影响。虽然西斯廷教堂的天顶原来很可能是蓝色的背景中点缀着金色的星星，但教皇尤利乌斯二世，也被称为“教皇斗士”，决定在天顶上画些人物，所以米开朗基罗就服从这位强大的资助人的意愿。至于为什么这些人物呈现的是现在的颜色和线条，还有些技术上的原因。米开朗基罗有时会把画转移到灰泥上，用网格来放大较小的画作，但有些地方他好像是直接画在天顶上的。壁画技术要求他在湿灰泥上作画，这样每天能够完成的工作量就受到了限制，一个人物或者情景的一部分所花费的时间也会相应地延长。天顶的形状是由建筑师的视觉感官决定的，技术和建筑材料对天顶的外观也有所限制，这不仅影响到了画作的整体布局，还影响到了许多情景和人物的外形，因为这些情景与人物必须适合由建筑特点决定的范围。把以上所有的因素考虑在内，并明确该给予每件证据多少关注度，需要学者把从许

① 鲁思 · 梅林科夫：《中世纪艺术与思想中的有角的摩西》（伯克利：加利福尼亚大学出版社1970年版）。

多源头得到的大量信息进行内化。

而以上所有这些信息也在以往学者们的大脑中进行过加工，他们相应地也会受到自己的文化语境、学科历史与知识传统影响。例如，在米开朗基罗完成了他的杰作之后的数百年里，蜡烛和灯具燃烧产生的炭聚集在天顶上，染黑了上面的画。那些笼罩在上面的烟尘在多大程度上改变了画作的原有颜色，学者们不得而知，而且许多年来，他们一直认为米开朗基罗有意使用这种柔和暗淡的颜色，以造成一种特别的明暗效果。接近20世纪末，伟大的修复工作开始了，被揭开了面纱的鲜亮色调震惊了许多艺术史学家，进而使得传统的理解得到了修正。因此，如果我们确定某些其他艺术作品受到了西斯廷大教堂天顶画的影响，我们需要意识到这位后来的艺术家也许相信天顶画颜色被调成了朦胧的效果，所以他的作品可能是建立在误解之上的，或者，就像米开朗基罗雕刻了带角的摩西一样，他也许是在有意忽视正确答案，并决定保持这一传统。

为了明确该如何解读米开朗基罗画作中的人物形象，我们需要学习用文艺复兴时期米开朗基罗本人和其他受过教育的人采用的方式来“解读”那些形象。一种常用的解读方法就是寓言式阅读，在这种阅读方式下，我们认为某个故事有着多层意义。

首先是一个寓言的字面意义，就是所讲述的故事本身。其次是类型学层面，即把一个故事和其他一些故事联系起来。例如，在基督教的传统中，亚伯拉罕愿意把自己的儿子以撒献祭给上帝（被一个天使阻止了），可以被解读为和耶稣被钉在十字架上处死是一个类型的故事：两者都遵循同一基本模式，所以讲其中一个故事就会让人们想起另一个。再次是圣经中比喻层面的意义，在这一层面，故事被看作在给人们上一节道德课。“以撒的牺牲”被解读为，这个故事告诉人们，他们将会因为对上帝毫无疑问的服从得到回报。最后是对《圣经》所做的神秘解释，在这一层面，一个故事将解释关于这个世界的普适真理，我们可以在许多故事中找到一些模式（这里，绝对信仰上帝的仁慈之心这一基督教思想带来了巨大的回报）。那么，我们从以上四个层面来解读米开朗基罗画作中的人物也是可能的。

其中，第二种类型阅读的方法对于西斯廷教堂中米开朗基罗的作品也许非常适用，在这种方法下，我们认识到一个艺术作品的某些特点既表现了那些广为人知的文化传统，也表现了艺术家生活中某些具体的事件。例如，西斯廷大教堂的壁画《最后的审判》中的人物——这幅画是在米开朗基罗完成天顶画大约二十年后创作的，他画了一个有着两只驴耳朵的人。这对耳朵表明，这个人物就是米诺斯，在古典传统中他是冥界的判官。然而，这个人物的面孔却不是取自于米诺斯的经典形象，而是来自于米开朗基罗的生活：教皇的礼仪总管切塞纳的肖像，他曾反对在米开朗基罗的画中有人物裸体。[①] 这些人物形象既说明了这些古典传统都是遵从于基督教的（米诺斯存在，但在基督教的地狱中），也说明了那个礼仪总管是个傻瓜。[②]

由此，我们看到，为了理解像西斯廷大教堂天顶画这样复杂的事物，我们需要把许多不同种类的信息联系起来，这样做唯一的途径是不仅能评估个别数据，还要能评估之前的学者所做的各种各样的综合分析。我们不可能从零做起，因为没有大量的背景知识，我们甚至不

① 据称，当切塞纳抱怨被画上了驴耳朵时，教皇说“我不掌管地狱”，所以不要强迫米开朗基罗做修改。我认为这个故事太精彩了，真是让人难以置信。同样在这幅壁画中，米开朗基罗把自己的肖像描绘成被剥皮的圣巴塞洛缪。

② 诺曼 · E. 兰德：《米开朗基罗与比亚乔 · 德 · 切塞纳故事简史》，《艺术史札记》（2013）：15–19。

可能理解任何一件人类创造的复杂的作品，只是这些背景知识本身也需要评估，我们只有通过观察个别现象才能进行这样的评估工作（而这些现象只有被置于背景知识的语境下才有意义）。使用隔离变量个体的科学方法，很难解决循环往复的困境。然而，自由技艺中已经发展起来的思维方法却可以处理循环往复的问题，即通过做出细微改变、进行粗略估计和试探性地建立模型反复进行研究。

自由技艺让隐喻变得更易理解

自由技艺主要依托大脑的直觉力，这些通过学习自由技艺才能培养出来的能力，常常在纯逻辑不能充分发挥作用的情境下行之有效。在隐喻思维或类比思维的方法中，我们暂且把一个现象等同于另一个现象（比亚乔·德·切塞纳是一头驴，路易十四是普照万物的太阳，美国的政治体系就是一场永无休止的闹剧），才能更好地理解那个现象，这就是自由技艺的优势所在。生物学家史蒂芬·杰伊·古尔德曾这样写道，他非常惊喜地发现，希腊的运货车和雅典机场的行李推车都标有“隐喻（metaphora）”的字样，这不言而喻，告诉他一个“隐喻”就是把一件东西从一处搬到另一处时让工作变得更容易的东西。[①] 当然，所有的智力型学科都会使用隐喻，但自由技艺在评估和改进那些隐喻方面尤其有效，因为自由技艺让隐喻更贴切地描绘这个世界并且更有益于我们的大脑进行理解。隐喻起到了丹尼尔·丹尼特的“直觉泵”的作用，让我们把与生俱来的潜意识中的理解力应用于更广阔的情境中。

---

① 史蒂芬·杰伊·古尔德：《三代人的四种隐喻》，《干草堆中的恐龙：自然史沉思录》（纽约：和谐出版社1995年版），442–457。

科学就使用直觉泵，例如，我们说，带负电荷的原子“想要”与带正电荷的原子结合，或者我们把微生物对于环境的不同适应程度想象为抽象的情景。自从人类非常擅长感知欲望将如何影响我们的行为并且擅长形成情景思维图像开始，如果我们用这些术语去思考科学现象，而不是试图使用纯粹抽象的逻辑进行推理，就能够更加容易地理解那些现象。

在自由技艺发展起来的隐喻常常是复杂且多维的，所以这些隐喻可以被用来理解模棱两可或者混乱不堪的局面。如果一个人的傲慢导致了接二连三的失败，那么我们就可以通过隐喻把这一系列事件等同于一个“希腊悲剧”，或者我们可以把一个不怀好意的劝告者看作莎士比亚的《奥赛罗》中的人物依阿戈。确定使用某一隐喻的过程使得我们能够理解一个复杂的情境，这不仅是一个非常简化的模式，而是把复杂情境理解为在某些重要方面与其他复杂情境相似的模式，因为对于后者我们更加熟悉或者理解得更加透彻。自由技艺思维有助于我们认识到，物体、现象和制度是在意义和权威的多个层面上运作的，自由技艺思维还有助于我们确定对于具体问题哪个层面才是相关的。

然而，自由技艺的最大优势却被一个缺点抵消了：隐喻思维的灵活性之大，当隐喻误导了我们时，当被等同的两个事物差别之大，以至于了解一个事物并不能为理解另一个事物提供有用的信息时，这些情况都是很难辨认出来的。正如物理学家理查德 · 费曼所说：“首要原则是，不能自欺欺人——而事实上，自己才是那个最容易被欺骗的人。”[①] 为了避免自欺欺人，科学发展出了一些有效的方法：反复试验、确定统计显著性、坚持逻辑严谨性。这些技术在自由技艺传统中没有

① 理查德 · 费曼：《别闹了，费曼先生》，345。

得到同样程度的发展，但它们确实存在，而且我们知道这些技术自由技艺也可以使用，只不过不同学科使用的程度有所不同。

例如，哲学就非常重视严谨的逻辑思维，因哲学家们相信，推理之有效，研究者甚至可以不需要做实验或者其他类似的事，结论成立与否是经过一步步推理才能判断出来的。然而，问题却出现在哲学话语的严谨有限的形式之外（偶尔也会发生在哲学话语内部）。假设一个不正确的前提，或者在一个长推理链条中前期就犯了错，而且直到推理出的结论与物质世界发生冲突后才意识到问题所在，这类情况都是非常容易发生的。物理学通过经常性的实验来解决以上问题，即使纯粹的推理，甚至数学计算得出的结论，只要抽象结论与真实情况不符，那么结论就是错的。哲学则要通过更加严谨的观察推理过程来规避这一问题，认为后面学者的观察可以明确并改正前面学者犯下的任何错误。而剩下的自由技艺所运作的模型就处于哲学和科学之间的某个地方，只不过对于自由技艺而言，历史和传统取代了实验（实验在许多自由技艺中很难做到）。如果史实与传统的发展对理论的预测是背道而驰的，那么这个理论就应该被认为是不完整的或者是错误的。[①] 每一个领域都发展出了各自用来测试结论的方法，这些结论可以由推理得出，可以来自于对自身的认识或者确定事实和可靠消息来源的方法。成为一名有人文素养的人，主要是学习这些方法是什么和使用这些方法的原因。初学者首先要知道哪些信息是可靠的，然后知道谁是可靠的，高级学习者要试图明白为什么。

自由技艺给我们提供了复杂的模型，评估杂乱数据的方法，以及整合信息的技巧，这些使得我们能够更好地理解自己和我们周围的世

① 可悲的是，自由技艺事实上的发展情况常常不遂人愿。

界。只有把我们大脑的所有功能都使用上，也就是学习自由技艺才能习得的思维方法，才是解决最复杂问题的唯一机会。

然而，即便一个人可能把他/她所有的认知力都用在某一个问题上，一个人穷其一生的思维能力也不可能解决我们所面临的最困难的那些问题。幸运的是，正是因为每代人的努力都是建立在前人成就基础之上的，赞同自由技艺价值的另一个伟大论据——这种价值就是保存和传承人类文化——就解释了世世代代人类智慧的力量如何被用于解决极其复杂的问题。

传承文化的最好途径

我在英语领域的专长是研究中世纪（大约500—1500年间）文学和文化，就是西罗马帝国灭亡至文艺复兴之间的那个历史时期。如果你也研究那个时代，就会深深地感受到文化的延续性被打破是多么轻而易举的事。由于罗马帝国的衰落和蛮族入侵，整个古罗马帝国时期一代又一代一直传承的知识与文化被打断了，导致了西方欧洲文明的普遍衰落，而这一趋势耗费了几百年才扭转过来。即便社会最终能够回到甚至超越古罗马文明的水平，许多文化也永远消失了。伟大的艺术作品、文学、哲学和科学，我们现在只能从其他作品的目录或者简要的引言中略知一二。虽然宗教战争、各种革命和20世纪的两次全球战争造成了巨大的损失，但这些损失在文化方面仍没有罗马帝国灭亡造成的损失大。

因为文化的保存要依赖于跨越时间的不中断的传承，所以许多文化都丢失了。在每一代人中，那些课程都需要重新传授，那些歌曲需要重新吟唱，那些楼阁需要修复，书籍需要重新誊写，只有这样，这些文化才能存活数百年。罗马历史学家塔西佗的历史学著作就说明了，即便一部重要的文化作品也会轻而易举地消失这样的道理。塔西佗的作品是有趣的，部分原因是他描述了在日耳曼部落习得书写技术之前他们的文化是什么样子的，所以他的《日耳曼尼亚》是那个时代关于西欧北部人们生活的有限信息来源之一。虽然塔西佗大约是在公元98年写了这本书，但我们所有的最古老的稿件只是一本手抄本，它誊写于公元9世纪，但直到1425年才在一个僧侣书院被发现。[①] 如果那本唯一的手抄本在900年到第一本印刷版本问世之间的任何时间被毁于一旦（许多其他作品都是这样的结果），那么我们就永远地失去了塔西佗的《日耳曼尼亚》。

所有人类的创造都会随着时间而消逝，即使保存的时间再长，也无法保证它们会一直存留下去。古代的巴米扬大佛在2001年被塔利班组织炸毁，他们还继续破坏了整个中东地区的建筑和艺术品。即使那些伟大的作品幸免于邪恶之人的暴行，还是可能因自然灾害或意外事故受到破坏：许多中世纪英语文本的唯一复本都在1731年科顿图书馆大火中毁于一旦，这场大火同样烧毁了《贝奥武夫》；德国科隆市的市档案馆在2009年突然无辜倒塌，毁坏了许多独一无二的文献，即使保护得最好的历史遗迹也可能由于地震、火山爆发和洪水而被毁掉。

文化艺术品可以被藏在洞穴或者矿井中而被暂时保存，可即便这样的解决办法也只是一时之计，因为被藏起来的资料会被人发现并且偷走，也可能被忘记后丢失。如果我们把知识传播开来，那确实提高了被完好保存的可能性，不过即使这样的方法也不能确保奏效。在

① 这本手抄本被带到了意大利，最终成为我们所引用的塔西佗版本的来源，它从历史记录中消失了近500年，直到1902年在一家私人图书馆中被发现。1936年这本手抄本曾差点被希特勒的帝国师窃取，但它的所有者把它藏在了酒窖里。1966年这本手抄本被洪水浸泡损坏，现存于罗马图书馆。

第二次世界大战后，学者和政治领导者们决定，保存盎格鲁—撒克逊手稿中知识的最好方法就是印刷一系列影印本，存放在世界各地的图书馆中。文本的复本多了，自然就提高了存留概率，人们认为，至少有一个复本能够幸免于一场大型战争或者灾难。然而，今年这一项目由于缺乏资金和无法迎合大众口味而被终止了，这说明保存文化的问题不仅仅是技术层面的，还要取决于一代代人的知识、文化和价值观的传承。[①] 如果珍重某件文化艺术品的责任感没有被传递给新的一代，那么那一代人就不大可能投入资源保护它，随着时间的消逝，这件艺术品就越来越可能被忽视，最终被丢弃或者毁坏。

艺术品和知识的丢失，是对人类文化的损害，因为我们完成的那么多成绩都是建立在前人的工作基础之上的。最卓越非凡的书籍、绘画和雕像，为了能够保存下来，不一定要不停地被传递来传递去，但可能被长时间忽视、忘记或者厌弃，就像长眠的种子，直到有一天，它们重获新生，启迪和激发后世之人。但是，为了这么一天，这些物件不应该只是有形地幸存下来，而是其使用者必须有能力阅读和理解它们。因此，它们需要文化氛围的存在，这一氛围只有在历史、学术研究、解读和理解的传统下才能够生生不息。没有前人的知识积累，人类文化便不会有所作为。有人会想，重新开始，从头来做，有时表面上听起来很有趣，然而，如果每一代人都这样做了，就算不会回到猿人的时代，也会一直把文化推回到石器时代。每一个人都继承了上千年的文化成果，每个人类社会只有让新一代的工作建立在老一代的基础之上，才能长久幸存。

---

① 人们现在在努力通过将资料数字化并在网络上传播这些方式来保存文化遗产，但是没有人知道这样的保存方式从长远来看是否比在图书馆保留复印版更加有效。

自由技艺传统是我们迄今发现的保存和传承世世代代文化的最好途径，这并不是在攻击其他科学，其他科学显而易见也是建立在前人的工作基础之上的，所以当代的学者们只有“站在巨人的肩膀上”，才能看得更远，[①] 但是自由技艺有一个最基本的特点，使其保存和传承比其他学科更必要。即便一场大灾难毁灭了大部分人类知识，幸存者不得不重新建立人类文化，科学真理最终还是可以被再次发现的，因为这些都是关于客观宇宙的事实。我们的后人可以用不同词汇来描述正电或者氦原子或者最小作用量原理，但是他们发现的事实和关系将会和今天科学所呈现的一模一样，但以上情况不适用于我们自由技艺所研究的文学、艺术、音乐和其他文化。如果我们丢失了一本书或一幅画的唯一复本，如果我们不再说某种语言，它就会永远地消失了，而且不会以同样的形式被重新创建起来。即使我们想要依据一种描述、参考文献和目录来复原一本书，同样的一本书写两次还是会有太多相互作用的变化因素存在。我们自由技艺所研究的东西是无价的，因为它是独一无二的。

因此，文化的创造就其本质而言是非常珍贵的，也是无法估价的，因为文化帮助我们处理那些只有集世代之智慧与努力才有希望解决的复杂问题。因为这样的问题庞大且复杂，我们不可能预先知道前面的哪些智力工作最终会对解决办法有所助益，所以我们需要尽我们所能保留尽可能多的前期工作，研究那些作品，从中学到东西，并让它们在当代许多不同的思想中复活，进而更可能明确并进一步发展特别有用的部分。在科学领域有太多这样的真实事例，长期被忽视的工作忽

① 艾萨克·牛顿：《艾萨克·牛顿通信集》：1661–1675，H. W. 特恩布尔编，第一卷，（伦敦：英国皇家学会1959年版），416。

然变得至关重要——孟德尔遗传学对生物学的作用，Lie代数对粒子物理学的作用——但在自由技艺中之前数百年间这样的事例更是数不胜数，许多前人的作品再次被发现，并被用来解决新的问题，“文艺复兴”（Renaissance意思是“重生”）这个名词就唤起了人们回归到被长期舍弃的前人的文明成果上来。故事、形象、建筑风格、政治哲学和成功生活指南都被后人复活，后世因此受到荫泽。

证明自由技艺价值最有力的两个论据——自由技艺教给我们如何解决复杂问题，自由技艺保留并传承了人类文化——事实上是同一观点的两个不同方面，因为复杂问题的解决办法只有在世代传承的非常成熟的文化背景下才能找到。在此基础之上，“真实”“共情”“自律”和“怀疑”这四个论据，以及有助于研究自由技艺的案例，就变得非常强大了。自由技艺赋予学生领导他人的工具，提升领导能力中善的倾向，给予使用这些学科的社会最好的可能性，由此解决最复杂的问题。自由技艺珍贵无价，理应受到顶礼膜拜。

CHAPTER

6

自由技艺给你适应任何领域的思考方式

研究《贝奥武夫》，学会如何思考

人们向我咨询学习建议时，偶尔会非常震惊，因为我是这样告诉他们的：只要他们全身心地投入到研究中，选择哪一门自由技艺并不重要。他们认为我的建议不够诚恳，因为他们确信，一定有一门分支学科是好于其他分支学科的。虽然我很愿意告诉他们，英语文学是所有可能的自由技艺专业中最好的，但经验告诉我，对于学生智力发展真正重要的是他们能够深入地专注于某一学科，而不在于所选的学科是什么。只要他们了解了具体的学科知识的细节内容是如何被创造出来，如何被评估以及如何被整合的，他们就学会了如何思考，而这一能力会让他们迅速适应任何其他学科或者工作。

了解某一专业如何运转至关重要，因为虽然概括性的抽象推理是理解这个世界的必要工具，但单独的抽象冒着重复犯错的极大风险。一个抽象概念就其本质而言是一个简化的概念，当你制作一幅地图时，你必须省略掉关于那片领土的大量信息。你可以标记河流的大概位置，但你一般不会在地图上画上河流的具体颜色，每天沙洲的变化情况和河流两岸树叶的颜色。这些信息对于某些目的而言是相关的，如果后面的工作仅仅建立在这幅地图的基础之上，那么得出的结论很可能就不完整，甚至不正确。如果这发生在一个长论据链条的开始阶段，便会失之毫厘，谬以千里。为了避免这样的问题发生，审查具体的例子是有所助益的，这样可以明确这些例子的细节是否与抽象的理论一致，也可以重新探索那片领土，看看那幅地图是否仍然是正确的，如果有必要，就进行修改。

个人、民族和政治视野下的《贝奥武夫》

这一章里，我们将详细调查一个特殊的文化作品，由此来看一看创造、评估和合成知识的具体方法，明确某一学科的具体运作与我们得出的概括性结论——自由技艺会教给我们某些思考方式是否一致，这个特定的作品就是古英语诗歌《贝奥武夫》。显而易见，这个选择多少有些任意性，因为任何一个足够复杂的作品或现象都需要我们在具体和抽象之间进行对比，然而，选择这一作品，确实还有其他理由。首先，《贝奥武夫》研究是我的研究专长，所以我可以比较详尽地解释这一学科的运作方式，并且能够提供背后的内幕信息。还因为深入研究《贝奥武夫》会让我们收益颇丰，而一些非专业人士的讲授常常不尽如人意，所以即便这一案例研究对这本书的宗旨贡献不大，我仍然希望它能够教育并丰富读者的思想。

许多接受过英语教育的人至少是听过《贝奥武夫》的：也许是从2007年的电影中得知的，这部电影由女演员安吉丽娜·朱莉主演，借助电脑特效演绎了一个极具诱惑力的水怪；也许是从诺贝尔奖获得者谢默斯·希尼的译作开始了解的，或者因为这首诗是英语课堂上的必修内容。有些读者已经知道《贝奥武夫》是英国文学史上最古老的诗歌，故事中有两个巨型怪物，主人公被一条龙杀死了。然而，如果我们试图弄明白这些具体信息是从哪里来的，告诉我们这个故事的老师又是怎么知道的，这时，我们便一触即发地投入了远远超越文本本身的历史之中。

《贝奥武夫》一定有所起源，它不是编辑、教师或者好莱坞的剧作家编造出来的。这本诗幸存下来的最早的复本是一本抄本，文字被手写在一张动物的皮上（羊皮或者牛皮）。因为每个人的字体是不一样的，所以每本手稿都是独一无二的，即便是再次誊写的抄本也是不同的。我们因此不使用通用的图书馆编目系统来找寻抄本，取而代之，我们用书架号来标注抄本，这就告诉了我们一本抄本事实上被放在这个世界的哪个地方。《贝奥武夫》抄本的书架号是“London，British Library，Cotton Vitellius A.xv.”，这条信息告诉我们，这个抄本在伦敦大英图书馆，是科顿收藏系列的一部分，是罗伯特 · 科顿爵士收集在一起的。在科顿的藏书中，不同的书架上装饰着不同古罗马国王的半身像；《贝奥武夫》就保存在第一个书架上（A）国王维特里乌斯（Vitellius）半身像下面的书橱中，从左数第十五本（xv.）抄本。根据这一系列的目录和这本抄本的情况，我们知道《贝奥武夫》损毁于1973年，当时一场大火烧毁了名字极具讽刺意义的阿什伯纳姆宅院（Ashburnham House，直译是“烧为灰烬的宅院”），科顿爵士的藏书就在那里。这一抄本的三个边都被烧焦了，但最终被救了出来，也许当时有人把它从窗户扔了出来。这本边缘部分烧损的抄本在学者们要处理时几近破碎，于是，在19世纪中期大英博物馆的管理员为每一页精心制作了一个框架，虽然挡住了些字母，却阻止了抄本的进一步损毁。

在进入罗伯特·科顿爵士的收藏之前，这一抄本在哪里，很难确定。16世纪中叶，古文物学者劳伦斯·诺埃尔在这一抄本的首页写下了他的名字，但我们不知道他是如何，从哪里以及具体什么时候得到的这一抄本。从抄本的字体和语言看，我们可以判断出，它誊写于公元1000年左右，但随后的500年发生了什么，却是个不解之迷。有一种猜测可能性很大，在1539年国王亨利八世解散修道院后，这一抄本被从修道院书库中掠夺出来，有一位收藏者挽救了它，使其免于被丢弃甚至损毁。这位收藏者之所以保存抄本自有其原因，但绝不是为了其中的内容而这样做的，因为那时在英格兰还没有人能够读懂古英语，也就是《贝奥武夫》的语言。

如果到了18世纪《贝奥武夫》还没有得到斯堪的纳维亚研究者的关注，那么它也许只是大英博物馆中保存着的却没有被读懂的众多古老抄本之一。为了把保存在英国众多图书馆中的所有抄本汇编起来，乔治·希克斯牧师请求学者汉弗莱·沃恩雷把所有的盎格鲁—撒克逊文本都编制进目录中。沃恩雷的盎格鲁—撒克逊文本目录作为希克斯的庞大的《古代北方语言与考古学史料之宝库》中的一部分出版发行（在18世纪，他们喜欢长标题——沃恩雷的目录题目比这个还要长）。因为这些手抄稿的文本极少有正式标题，沃恩雷对文本内容做了简要总结，但他还是无法理解《贝奥武夫》的语言，于是他以不太准确的语言这样描述这首诗："这本书是盎格鲁—撒克逊语言的杰出代表作，它好像讲了这样一个故事，在一系列战争中，一个名为贝奥武夫的人——他是来自齐尔丁皇族的丹麦人，向瑞典王子宣战。"

读了沃恩雷的描述后，丹麦学者兴奋不已，因为有一首诗歌可能描述的是关于他们祖先的故事。1786年一位名为格力摩尔·琼森·索克林的雄心勃勃的丹麦学者与丹麦宫廷有些社会关系，说服了一位富有的赞助人支持他出版《贝奥武夫》的现代版，这一版本似乎非常确定地会为丹麦历史带来新的光明。不幸的是，索克林相比学术能力更擅长攀附权贵，所以《贝奥武夫》的第一个版本延误了许多年，直到1815年才出版，而且错误百出。然而，索克林在制作诗歌复本上却帮了我们一个大忙：他雇了一个抄写员做抄写，同时还给自己抄了一本。这些复本保留了其他抄本中没有了的许多字母，这些字母在上文提到的那个抄本于1845年前被装裱保存前就由于边缘处的破碎丢失了。

索克林的版本，虽然拙劣，却让其他学者对《贝奥武夫》产生了兴趣。丹麦研究者认为这首长诗能够给他们提供关于他们国家历史的重要信息，而说德语的学者则认为这首长诗阐述了他们各自民族的历史。在英国学者约翰·米歇尔·肯布尔1834年的版本出乎意料地成为畅销书后，《贝奥武夫》便进入了英国文学的教学大纲中。从此以后，人们开始传授和研究这首诗，在更加广阔的文化中受到万众瞩目，但它也曾一文不值，经历了许多起起落落。而当《贝奥武夫》与约翰·罗纳德·瑞尔·托尔金（托尔金是牛津大学盎格鲁—撒克逊语教授，对《贝奥武夫》有深入的研究）联系在一起时，这首长诗于20世纪晚期再次回到公众视野上，并由此出现了各种电影改编版。诗人谢默斯·希尼的翻译——他在1995年获得了诺贝尔文学奖，为讲授《贝奥武夫》的教师们提供了一个语言优美、充满诗意的现代英语版本，为这首诗的讲解注入了活力，而彼得·杰克逊的《指环王》系列电影风靡一时，更进一步激起了人们对这首长诗的兴趣，因为全世界的观众对于托尔金的工作和其产生的影响兴致有增无减。

其他历史信息都是围绕着以下事实展开的：因为国王亨利八世解

散了英国的修道院，驱逐僧侣，还没收了他们的财产，所以《贝奥武夫》最终落入了收藏家的手中。修道院书库中的书要么被掠走了，要么被销毁了，只有一小部分最后被“古物收集者”买了回来，这些收藏家非常珍重古老的东西，虽然他们的动机仅仅是古物的年代久远和稀有性，这是因为他们很难读懂那些古书。国王由于政治原因解散了修道院：这些修道院是财力雄厚且权力强大的机构，与罗马天主教会联合在一起，所以亨利认为这些修道院威胁了他作为英国教会最高首领的地位，他把没收的财富奖励给自己的支持者。亨利与罗马教会决裂，部分原因是教皇不批准他离婚，他之所以要离婚，还因为他的第一任妻子没有生下男继承人，由此造成了政治危机。在宗教改革期间，亨利的行动还和新教教义的兴起纠缠在一起，有些为他出谋划策的支持者发现，从修道院拿出来的那些经文可以用来支持他们在宗教辩论中的观点，因此，《贝奥武夫》抄本是在一场风险极高的政治和宗教冲突中幸存下来的。

在18—19世纪，对《贝奥武夫》非常感兴趣的丹麦学者也参与了饱含重要政治色彩的极其激烈的争论。他们试图明确丹麦南部的某些地区——石勒苏益格-荷尔斯泰因，原本是丹麦的领土还是德国的领土。在这场旷日持久的争论中，《贝奥武夫》成了一个重要证据，这就是为了理解这首诗，人们投入大量资源的原因所在。雅各布·格林，比较语言学学科的创始人，但让他更为家喻户晓的是他和他兄弟的童话集，他闻名遐迩，就连法兰克福国民议会这个代表德国全民的第一个选举议会都在听审席的正中间为他保留了专座，便于他回答什么才真正是或不是德国的这类问题。欧洲的哪个民族是真正的日耳曼人，由此就会知道哪些地方应该属于德国，《贝奥武夫》被看作这场长期激烈的政治争论中的重要证据。近一百年里，这场争论一直通过在语言学期刊上刊登的义愤填膺的文章进行着。先是1914年，后来又在1936年，欧洲决定用枪炮来解决这场争论。《贝奥武夫》因此最终还是与欧洲政治纠缠不清，虽然错不在它。因为德国学者是研究《贝奥武夫》最前沿的学者，第一次世界大战一结束，这首诗的研究被认为是由德国学者占主导地位，并由此催生了所谓的“日耳曼的傲慢”。第二次世界大战后，《贝奥武夫》被与纳粹对日耳曼异教的狂热信仰联系起来，但这一做法是不公正的。其结果是，这首诗的研究在英语世界进入了急剧下滑的阶段，这一下滑迄今为止也只是受到了部分遏制。

根据《贝奥武夫》的历史，我看到自由技艺知识的产生就是一个杂乱无章且模糊不清的过程。人们研究文化作品不仅仅为了其年代久远或者由于对作品本身的浓厚兴趣（这一点，我们还没有以《贝奥武夫》为例进行讨论），还有从个人名誉到民族骄傲再到政治欲望等多方面的原因。知识的创造不仅仅由学者们阅读、誊写、编辑和出版诗歌而产生，后世的学者对原著进行批评，根据其他方面的信息重新解读诗歌，把诗歌放在教学大纲中给学生讲解，进行创造性的翻译和改编，这些也是在创造知识。其中有各种错误，有自相矛盾的解读，还有对知识的修正，而所有这一切都是由工作本身以及工作适应多种历史情境的不同方式所决定的。以《贝奥武夫》为例，这些情境包括誊写诗歌时的盎格鲁—撒克逊时代，收藏诗歌时修道院被解散的16世纪，编辑诗歌时丹麦和德国民族主义的形成，还有后来阅读、修改、改编、批评和教授诗歌时政治、社会和文化上取得的诸多发展。

用古文字学和语言学解读《贝奥武夫》

以上所有历史材料至少在一定程度上解释了，我们为什么研究《贝奥武夫》，但是这些材料没有说明我们该如何解读这首诗。因此，我们将求助于我自己的英语学科和该学科下诸多的分支专业和跨专业知识。古文字学家研究书写跨越时间和空间的变化方式，这样他们不仅能够阅读古抄本，还能够猜出古代文字是何时何地写的。上文第三章中我们讨论了打印字体和字体传达意义的方式，对于手写文本，与字体相对应的就是手迹，这是一种特定的写字方式。古文字学家通过对比各种手稿并且学习自己如何写出这些字迹，以此来学会辨认不同字迹：在我教古文字学时，一开始我就会给学生一支书法专用笔和一些羊皮纸。为了明确文件产生的时间和地点，古文字学家还要把笔迹与存档的遗嘱、章程、法律文件或者书信做对比，因为后者发生的时间或地点是可以通过其内容确定的。古文字学家还研究手稿页面的布局以及这些书页是如何装订成书的（这一特定领域的研究被称为手稿学），我们之前讨论过的字体的所有修辞效果同样适用于手迹。

在仔细研究了抄本的字迹后，古文字学家得出了这样的结论，《贝奥武夫》抄本是由两位不同的抄写员在公元975年至1015年间某个时间（多数学者会说“大约公元1000年”）誊写的。第一位抄写员，通常称其为甲，誊写了《贝奥武夫》全文的2/3，从行1誊写到行1939。他的笔迹表明他比第二位抄写员年轻，第二位抄写员乙从某一行的中间继续誊写，完成了剩下的部分。抄写员乙又回到开头，修订了甲的工作。两位抄写员分工抄写一首诗，这并不是什么稀奇的事，因为誊写是一件耗时耗力的工作，所以常常需要多位抄写员分工完成。因此，只要对抄本和笔迹进行仔细研究，即便一个字都不读，我们就能够重新构建起有关这首诗是何时何地完成的等相关知识。

为了读懂抄本，我们需要求助另一门学科，就是我们的老朋友语言学。

雅各布·格林、弗兰茨·葆朴、拉斯默斯·拉斯克和其他学者建立起一套用以解释日耳曼语系是从共同的源头进化而来的规则体系，这些规则可以被用来理解古代文本中不熟悉单词的意思：如果在《贝奥武夫》中遇到了已经脱离英语语言的单词，通过使用语音变化的“法则”进而找出这个词最初的词形是什么，再把语音变化的规则用在这个词形上，看一看它在德语、荷兰语或其他日耳曼语言中是如何拼写的，这样你就很可能弄清楚这个词的意思（比如，通过及时回溯）。学者们还编辑了多本中世纪语言词典，并且理清了中世纪语言的语法，所以在约翰·米歇尔·肯布尔于1834年出版他的《贝奥武夫》版本之前，即便古英语已经有六百多年没有在英格兰使用过了，他读懂《贝奥武夫》也是非常可能的。

语言学学科还使得学者们能够纠正《贝奥武夫》文本中的错误。例如，在诗歌的第2186行，我们知道，一个名为里德国王的人物是“万军之主（Dryhten wereda）”。然而，“万军之主”（Lord of Hosts）是由拉丁语翻译成的古英语，是基督徒用来描述上帝的称呼：“万军之主（Dominus Deus Sabaoth）”。这个翻译在这首诗的情境里意思是不通的，因为里德国王是一名日耳曼部落的首领，不是天使之军的首领，里德甚至连个基督徒都不是。然而，他领导的那些耶阿特人常被称作“文德斯（Weders）”，聪明的语言学家注意到“Dryhten wereda”很容易与“Dryhten wedera”混淆——抄写员很偶然地把字母“d”和“r”调换了位置。这个错误还说明了，这位誊写者是一位基督徒，因为相对于“耶阿特人的领主（Lord of the Geats）”他更熟悉“万军之主（Lord God of Hosts）”这个短语，所以当他在抄本中看到非常熟悉的内容时，就把这个短语变成了他更熟悉的形式。反过来，这一短语也告诉我们那本《贝奥武夫》也是其他文件的复本，而这个抄本还有些其他方面的信息表明，它极可能是复本的复本。那么，这首诗的创作一定发生在我们手中的抄本被誊写时的公元1000年以前。

在自由技艺下的古文字学和语言学这两个分支学科的共同指导下，我们才得以开始阅读《贝奥武夫》，然而很快我们又遇到了其他问题。

《贝奥武夫》：发现事物的共通之处

这首诗开篇便颂扬“手持长矛的丹麦人”的丰功伟绩，并且歌颂伟大的国王赛尔德·谢冯（Scyld Scefing），他征服了所有敌人，并且让他们向他朝贡。他的人民在他的葬礼上把他放在一艘船上，船上装满了珠宝，让船在大海上随波漂流。赛尔德的儿子，据抄本记载，名为“贝奥武夫”，但事实证明，这个“贝奥武夫”并不是这首诗的主人公，诗歌中的英雄“贝奥武夫”来自完全不同的另一个民族——耶阿特部落，他们生活的地方与丹麦人隔海相望，并且直到诗歌在大约200行的地方他才出现。除了开始寥寥几句，丹麦人“贝奥武夫”再没有被提到过，所以多数学者认为，抄本中的那个名字是一处誊写错误，因为抄写者把范本中的名字“贝奥（Beow）”理解成他所了解的主人公的名字的缩写。诗歌中各个事件的整体历史和地理背景着实让人困惑不已，因此我们必须转向其他自由技艺，以澄清这一情况。

从中世纪早期的拉丁语史料中，我们得知，丹麦确实是一个强大的部落，他们征服了许多其他民族。他们首先征服的是斯堪的纳维亚南部，穿越德国北部，最终定居在丹麦半岛。这个皇室自称为“赛尔丁家族”（Scyldings），这似乎与诗歌中的主人公赛尔德（Scyld）联系了起来。从历史学研究的角度，我们知道《贝奥武夫》中的一个历史人物很可能是有历史人物原型的。伟大的学者N. F. S. 格兰特威格发现，贝奥武夫的叔父，耶阿特国王海格拉（Hygelac）与日耳曼部落首领卓伊莱克斯（Chlohilaicus）是同一个人，历史学家格列高里说，这个人在524年突袭弗里西亚被杀死了，而这首诗中的这个人物也死于针对弗里西亚的一次突袭中，所以我们可以推断，这首诗写于524年以后，不论诗人究竟是什么时候创作的这首诗，他都做到了把《贝奥武夫》中荒诞离奇的元素设定在公元6世纪的历史背景之下。

《贝奥武夫》开篇，丹麦人建造了名为希奥罗特（Heorot）的大殿。许多历史和文学文献告诉我们，在赛尔丁（Scyldings）王朝早期，其坐落于名为莱特洛（Hleithra）的地方，这个地方在丹麦神话中等同于英国神话中亚瑟王的卡米洛特（Camelot）宫殿：最伟大国王之最大圣殿。考古学——起初也是自由技艺，现在已经相去甚远，成为一门科学了。最近考古学家就在丹麦莱尔镇（Lejre）附近发现了几座大殿的遗址。《贝奥武夫》中说：“希奥罗特大殿比之前人类所知道的任何殿堂都要大。”虽然还有很多考古学工作要做，但似乎莱尔镇曾经就是拜祭异教徒丰饶之神弗雷（Freyr）的中心。那里就好像一个用炉底石建造的巨大圣坛，神坛周围布满了坑，坑里填满了猪骨头，猪就是弗雷的神兽。诗中丹麦大殿所坐落的地方也许曾经就是一个异教膜拜的中心，这一推断使得《贝奥武夫》中一些人物的名字得到解释，其中包括丹麦国王的兄弟哈尔瓦（Halga，“圣者”，也可能是“圣人弗雷”），国王的女儿弗雷瓦露（Freawaru，受到弗雷的庇护）。第一位丹麦国王的名字可以被翻译成“希尔德”（Shield，盾牌），他的父亲的名字可以翻译成“希夫”（Sheaf，一大捆谷物），而且我们从民间故事研究中知道，这一家谱可以理解为，作者在暗示军事力量来源于发达的农业，这就是丹麦人可能把他们军事上的成功归功于丰饶之神弗雷的原因所在，在膜拜弗雷的地点建造大殿，以此表示对弗雷的敬仰。因此，我们开始认为《贝奥武夫》是一部集神话、传说、民间故事、历史和诗人的想象于一身的交融复杂的作品。

到此为止，我们或许已经准备好阅读这首诗了，看看我们是否能够根据所有这些背景信息理解这首诗。如果我们抛开所有不相关的细节，诗歌的情节应该是非常简单的。

在丹麦这片土地上，有一位名为荷罗斯加（Hrothgar）的伟大的国王，为了庆祝军事上的成功，他修建了名为希奥罗特（Heorot）的宴会大殿。就在那些丹麦人在大殿举行他们的第一次庆典时，怪兽哥伦多（Grendel）被宴会的欢庆声激怒了，夜袭了大殿。国王荷罗斯加的武士无力抵抗哥伦多，在怪兽吃掉了许多人后，丹麦人便遗弃了这座用于庆典的殿堂，十二年间那里一直是血迹斑斑，空无一人。在隔海相望的另一边，耶阿特人的领土上，一位年轻的武士贝奥武夫听说了丹麦的情况。因为国王荷罗斯加曾经帮助过他的父亲，所以贝奥武夫决定到丹麦去，与哥伦多决斗。他和他的武士们航行到了丹麦，获得了国王批准，在希奥罗特大殿度过一晚。哥伦多袭击了他们，还吃了一个耶阿特人，但贝奥武夫抓住怪兽不放，扭断了它的一只胳膊，哥伦多逃到一块沼泽地，流血而死。丹麦人举行了又一次盛大的庆典，贝奥武夫和他的武士收到了丰厚的奖励，丹麦人把哥伦多的胳膊悬挂在大殿的屋顶下，以此彰显他们的胜利。

然而，就在那个晚上，当所有人都睡着后，又一个怪兽，哥伦多的母亲袭击了希奥罗特大殿，拿走了那只胳膊，还杀死了荷罗斯加的一个武士。当有人告诉贝奥武夫这次偷袭后，他发誓要像毁灭它的儿子一样毁灭这个怪兽。贝奥武夫去了妖魔鬼怪出没的池塘，怪兽就住在那里，他游过了毒蛇为患的水域，到了一个山洞，那就是哥伦多和它母亲的巢穴。当哥伦多的母亲和贝奥武夫决斗时，这位英雄的剑根本砍不伤它，怪兽差一点就用刀杀死了贝奥武夫，但幸运的是，一把巨大的宝剑悬挂在洞穴的墙上。贝奥武夫抓住宝剑，斩首了哥伦多的母亲。然后他找到了哥伦多的尸体，砍下了它的头。他把怪兽的头带回了希奥罗特大殿。贝奥武夫回到大殿，丹麦人举行了更加盛大的庆典，贝奥武夫和他的武士带着丰厚的礼品回到了在耶阿特的家乡。

在那里，贝奥武夫效忠于他的叔叔海吉拉克（Hygelac），直到这位国王死于针对弗里西亚的一次袭击中。他还是海吉拉克的儿子希尔德雷德（Heardred）的辅佐大臣，当这位年轻的国王在一次家族争斗中被杀死后，贝奥武夫成为耶阿特人的国王。他的统治为耶阿特人带来了五十年的和平盛世，直到附近一座古坟里的火龙被惊醒。火龙烧毁了贝奥武夫的大殿，破坏了他的土地。贝奥武夫发誓要杀了这个怪物，于是袭击了古坟，然而这条喷火的巨兽太强大了，贝奥武夫在这场决斗中逐渐失利，这时，他的一位武士——名叫威格拉夫（Wiglaf）的年轻人违背他的命令，没有一直站在后面，而是与贝奥武夫一起战斗。虽然二人合力杀了火龙，但贝奥武夫中毒受伤，死去了。诗歌的最后，描述了他的葬礼，耶阿特人哀悼痛哭，首领死了，他们认为自己就要被临近的民族征服和奴役。

即便在这样一个简短的摘要中，你可以看到，虽然这首诗被设定于一个特定的历史事件和地点，但《贝奥武夫》还是包含了大量奇异怪诞的内容。人们为主人公庆功，是因为他打败了怪兽，而不是由于他作为一个普通人所取得的成就。

除了传奇和历史背景外，《贝奥武夫》还被设定在基督教传统的背景下。诗歌讲述了两个哥伦多怪兽之所以充满敌意，是因为它们是“该隐（Cain）的亲属”，而该隐是基督教传统故事中第一个杀人犯。盎格鲁—撒克逊人被这个特别的宗教故事深深吸引，是因为在基督教文化出现以前，弑兄被认为是永远不可以原谅的罪过，他们因此认为怪兽母子完全是该隐弑兄的因果报应。

然而，让丹麦人不胜其扰的怪兽和弑兄罪之间的联系却超越了圣经中该隐和亚伯的故事。来自中世纪斯堪的纳维亚的多种多样的文学文本表明，丹麦皇室就有弑亲的传统历史，为了政治收益谋杀亲属，是齐尔丁王朝最大的错误。因此，哥伦多怪兽不仅仅是主人公与之决斗的一个精彩的情节元素，还代表了弑亲事件给一个家族带来的毁灭性的恶性循环。丹麦在军事和政治上的所有成就由于这个暴力的罪行受到削弱，这个家族内部的任何人都无法赎罪，只有贝奥武夫这个局外人，才能“清理”希奥罗特大殿，避免手足相残。后来，哥伦多母亲的突袭也许以另一种方式说明了，即便元凶被消灭了，弑亲的恶行还是会不停地循环往复。被害者的家人永远都想着报复，但他们的复仇杀戮对于复仇对象的亲属而言又是不公正的，这些亲人反过来也要复仇。就这样，冤冤相报，仇恨直到一方的所有人都死了才能终结。

对于贝奥武夫消灭了两个哥伦多怪兽这件事，还有一种看法，那就是主人公不得不杀死敌对家族的女人和孩子（哥伦多的母亲和它的怪兽儿子）才能终止这场由暴力与复仇构成的因果循环。然而，我们只有博览所有围绕这首诗的文学作品，不仅仅读古英语文学，还要读古挪威语、拉丁语和古高地德语，才能理解《贝奥武夫》的言外之意。

哥伦多怪兽袭击是受到丹麦人所做的事的触动，火龙的袭击就完全是另一回事了。这个巨兽沉睡了三百年，盘绕在一处古坟中的宝藏上，直到一个奴隶或仆人偶然间在偷走一个杯子时惊扰了它。贝奥武夫和他的人并没有侵犯火龙，他们甚至不知道火龙在那儿。然而，这个怪兽却烧了贝奥武夫的大殿，破坏他的土地还杀了他的人民。如果哥伦多和它的母亲代表了自取灭亡，那么火龙则表明，恶行未必有缘由，毁灭未必是咎由自取。人类文明的本质就是，它可以被人类自身的瑕疵或者被意料之外的外部力量毁于一旦，在《贝奥武夫》中这两点都以戏剧化的方式呈现了出来。**诗歌通过使用英雄和怪兽来描述这些情境，极大地感染了我们，让我们得以使用直觉及逻辑体会两种邪恶的含义。在读一个故事时，我们可以参照另一个故事**（或者我们自己的生活）**，辨别出其共同的模式。**

这就是高水平的自由技艺思维。与科学的推理对比起来，这似乎具有强烈的印象主义色彩。《贝奥武夫》当然可以有以上的意义，但没有一条证据能证明确实如此，这种情况就好比许多人们需要努力解决的真实世界的问题。对于许多变量，我们缺乏确定性，所以必须依靠估计与修正。在试图理解《贝奥武夫》这个具体的案例中，我们要看一看上文中的解读是否有助于解释诗歌中一些原本难以理解的特征。如果可以，那么这一解读是正确的可能性就要高得多。如果找到了相互矛盾的地方，我们可以把矛盾的因素考虑进来，对以上解读进行修改。

《贝奥武夫》中一处难以理解的地方，是在诗歌尾声时故事发展的节奏。在贝奥武夫与火龙决斗中最精彩的几个地方，诗人却突然笔锋一转，转而讲述耶阿特人的历史背景和他们与邻国瑞典人的战争。我的学生们常常很沮丧，因为他们发现在贝奥武夫死去后和他的葬礼之间还必须翻译许多关于那些战争的诗行。如果这首诗是关于这位伟大英雄的生平，那么这一叙事结构似乎出了问题。然而，如果贝奥武夫的事迹被用在更加广阔的历史叙事的情景之中，而不是出于他个人的原因讲给人们的，那么这一非同寻常的结构就说得通。如果我们把可获得的所有文学、历史和考古学知识归纳综合起来，我们会发现，也许关于贝奥武夫的人民——耶阿特人，诗人和读者唯一确定的是，在写作这首诗时，耶阿特人已经不存在了。虽然耶阿特人是一个强大的民族，但由于战争和不幸，到公元8世纪时（这很可能是创作《贝奥武夫》的时间），他们已经不在了。耶阿特人的不复存在正好符合我们的解读——《贝奥武夫》把一个王国衰亡的原因进行了戏剧化，要么因为它内部有缺陷，要么因为动机不明的外部力量摧毁了它。出现在诗歌中的耶阿特人的国王，唯一在其他文学资料或历史资料中提都没提过的一位就是贝奥武夫本人，他是诗人根据想象创造出来的，却被放置在历史背景之下，一开始皇族内部关系的失败就注定了王国的灭亡，他的统治是王国灭亡前，耶阿特人盛世的最后一道余晖。因此，诗人把他凭想象创造出来的人物坚定地设置在历史之中，所以他必须为读者做一个历史情境的简介，才能讲述在贝奥武夫的葬礼时结束这首诗。

虽然这一解读与诗歌中的任何一处都不矛盾，但这并不意味着解读得对。正如我们已经看到的，诗歌外部的信息对于我们理解《贝奥武夫》有着极其重要的意义，尤其是诗歌创作的时间能够质疑任何一种解读。诗人似乎在假设，读者知道谁是丹麦人，谁是耶阿特人，以及他们是如何与包括瑞典人、弗里西亚人和法兰克人在内的其他民族互动往来的。虽然这样的读者在公元800年前在英格兰是不可能找到的，但《贝奥武夫》的抄本是在大约公元1000年时誊写的。所以，我们必须弄清楚的是：这首诗是在被誊写的许多年前就已经被创作出来了这一推断，是否合理。

这是《贝奥武夫》研究中争论最多的问题，说明了学科发展出权衡和评估证据的方法有多么重要。对于《贝奥武夫》的创作时间，学者们各持己见，争论不休，这是因为他们对不同种类证据的重视程度不同。那些专注于抄本研究的学者想要强调那本独一无二的抄本的价值（London，British Library，Cotton Vitellius A.xv.）。对于抄本是如何创作出来的，他们不太感兴趣，所以他们想要把诗歌的创作时间定在接近于公元1000年。相对于盎格鲁—撒克逊历史的早期，幸存于公元900年的历史资料要多得多，所以那些想要从政治和文化角度解读《贝奥武夫》的学者更喜欢这部作品来自于他们熟知的时代。与此同时，因为《贝奥武夫》在开篇就颂扬丹麦人，所以就不大可能创作于公元800年后的英格兰，因为当时北欧海盗，也就是诗歌中丹麦人的后裔，把英国乡间变成一片废墟。历史学家多萝西·怀特洛克提出，在丹麦军队蹂躏掠夺后，没有英国观众能够忍受开篇即颂扬丹麦人的诗歌，但是这一想法毕竟是建立在假设基础之上的，它认为在相当长的一段时间里所有人都同仇敌忾，所以也不一定是正确的。一位生活在距离现在1000年以后的历史学家也许会认为，因为美国和德国在20世纪进行了两次残酷的战争，那么以积极的态度描绘德国人的美国诗歌一定来自其他时代，这一推断是可靠的。然而，我们认为以上假设过于简单，因为在20世纪的数十年间美国和德国都是关系紧密的盟友。同样，我们不能确定地推断，在公元800年后就一定没有那么几年时间，英国诗人不能以积极的方式描述丹麦人。

证明《贝奥武夫》创作于公元750年前后的语言学证据具有极强的技术性，而且许多证据都是用德语写的，所以今天只有一小部分英语文学的学者掌握了这些学术材料，并且理解了里面的所有论点。可悲的是，这也是有些学者把诗歌时间标注得晚一些的原因，这样做他们就避免了学习许多语言学这个特殊学科的知识，所以他们无法做到让自己的观点有理有据。然而，《贝奥武夫》创作于早些时候，这一观点中有些论据其本身就是模糊不清的或者具有个人主观印象的。约翰·罗纳德·瑞尔·托尔金认为，他在《贝奥武夫》中觉察到了基督徒能够感受到的一丝伤感，因为他们想到他们高尚却是异教徒的祖先，即便建立了丰功伟绩还是不可能升入天堂。正是由于这一点（还有许多技术层面的原因），他认为这首诗歌应该是写于在盎格鲁—撒克逊人皈依基督教后（597—660）的一代人或两代人的时间。还有一些历史和文学证据表明，这首诗要比那本抄本老得多。抄本中有一行诗，就目前而言，是无法理解的，但是如果那句没有任何意义的话中有些单词被嵌入到短语“墨洛温国王不再赐予我们恩泽”中，那句话就可以理解了。抄写者似乎不知道墨洛温是什么，但诗人知道。如果诗人写作时，墨洛温家族仍然统治着法兰克王国，这一现象就可以得到解释了，然而誊写这首诗却是在墨洛温王朝失于加洛林家族之后，加洛林王朝竭尽全力，试图抹去前朝的记忆。然而，有些学者不赞同这一解读，因为他们认为这一观点不过是对一处抄写错误的夸大解读。

可惜的是，我们没有一个客观且公认的标准来区分所有以上论断，所以对于某些证据是否顾此失彼，学者们一直争论不休。对于《贝奥武夫》学者和想要知道正确答案的学生来说，这是让人沮丧的，但恰恰因为其混乱不堪和缺乏定论，才让我们学会如何思考。寻找真理的过程——我们在研究《贝奥武夫》的混乱和矛盾中已经体验过了，所有学科都在进行。学者和那些使用他们工作成果的人必须尽力归纳总结相互矛盾的事实，得出正确的解释。

虽然《贝奥武夫》研究似乎是一个极其深奥的领域，但由此发展的智力技能非常具有实用性。我有许多专修《贝奥武夫》和其他中世纪文本的学生最后成为年轻有为的律师，他们中有人曾对我说，当与她一起工作的其他人都惧怕把大量让人困惑且自相矛盾的文件资料归纳成为一个有逻辑的理论时，她却觉得很简单，因为她曾把3182行的《贝奥武夫》翻译成了现代英语，而且仔仔细细研究了我在前文讨论中概述的所有材料。通过深入研究《贝奥武夫》习得的这些思维方式同样也可以用来实现许多其他事情。

深入研究任何一个领域，都会习得如何从许多带有偏见的文献来源中提取出有用的信息，这一普遍的方法通常叫作“批判思维”。它在教学中常常取代具体自由技艺的研究，专注于识别可能的偏见，教学生警惕偏见带来的影响。《贝奥武夫》研究在教人如何处理这类材料方面就做得非常好，部分原因是无论是诗歌、作者的意图、政治目的是什么，现在看来都已经过时了，因此即便把诗歌研究与不太深奥的话题联系起来也完全不需要有任何思想包袱。罗马历史学家塔西佗执着于批评与他同时代的罗马人过于软弱和缺乏活力，同时对于展现日耳曼部落生活的真实情景也饶有兴致。我们可以不必由此产生任何愤怒之情，只要把这一偏见考虑进来就可以，正如我们根本不在乎生活在丹麦南部的人到底是德国人还是丹麦人一样。我们可以理性地决定该如何评价老一代学者们的论点，因为对于他们满腔豪情关注的话题，我们完全可以做到波澜不惊。这样，即便处理的话题当前和我们有情感纠葛，我们仍能够在当今有偏见的信息来源所展现的具有强烈倾向性的信息中识别出相似的模式。

每个自由技艺都是由一体化的知识和一套评估知识的程序所组成的结合体。了解任意一个领域创造与评估知识的方法，你就可以认识到，每一个领域都在用自身的方法达成同一个目标。因此，你最好学会评估信息的质量，并且能够归纳总结。

《贝奥武夫》的案例分析展示了自由技艺是如何教授这类解决复杂问题所必须的思维方式的。它还展示了，如何通过研究一部特定的艺术作品做到让它世代保存并传播文化。在1200年至1815年间，知道《贝奥武夫》这部作品存在的人，两只手都数得过来，而阅读这本书的人更是寥寥无几（在这数百年间的第一个五年，这个数字很可能是零）。《贝奥武夫》在如此长的时间里能够幸存下来，完全是运气使然：如果那个图书馆再发生一次火灾，不仅仅是那本抄本，就连诗歌以及所有与其有关的信息都将不复存在。然而，正是因为英国的古文物收藏家想要收集古老的东西，而且丹麦和德国的学者乐此不疲地用《贝奥武夫》来论证日耳曼人的特性和政治问题，所以他们才会编辑、出版、传播和讨论这首诗。还因为英国学者把这首用日耳曼语写作的最古老的诗看作他们本国文化遗产的一部分并引以为豪，所以《贝奥武夫》才被列入了学校的教学大纲，被传授给学生，并在所有英语国家普及开来。在第一次和第二次世界大战后，“日耳曼的”东西受到摒弃，《贝奥武夫》也就此失宠，但是当人们得知约翰·罗纳德·瑞尔·托尔金广受欢迎的奇幻文学作品（《霍比特人》和《指环王》）的灵感来自于这首诗后，其研究工作便赋予了这部作品以新的生命。谢默斯·希尼的翻译——这位诗人获得了诺贝尔文学奖，又让这首诗回到了更多的教学大纲中，进入了更多读者的脑海里。《贝奥武夫》的抄本被拍下来，并存为电子资料，这首诗被翻译、改编、写成戏剧甚至拍成电影，把它的思想传播到全世界。在大英图书馆中，一度险些未能幸免的烧焦了并几乎破碎的抄本上的信息现在以许多语言和形式被散播在全世界。如果自由技艺不存在，这一切都不可能发生，也正因为自由技艺确实存在，因为人们研究、解读和传播《贝奥武夫》，基于和围绕这首诗，更多的文化现在才得以建立起来，丰富了我们对人性和作品的理解，使得我们能够创造出新的艺术。

CHAPTER

7

对自由技艺的批判与否定

对于自由技艺的价值，早在这次著书立说之前，我个人的态度就是很鲜明的，但这里我还要再次重申：我相信研究自由技艺对于个人乃至整个社会都具有极其重要的价值。之所以重申这一观点，是因为这一章中我将要批判自由技艺，我需要确信，读者要清楚，这里的批评并不是通过为对手提供攻击的知识弹药来瓦解对自由技艺的支持，而是要通过指出其在学术界中当前的制度形式存在的一些瑕疵和缺点，来改进和完善这些学科。

我认为，主要有四个问题。首先，当代的自由技艺有时会拙劣地模仿科学，这些学科建立在错误或者早已过时的科学的基础之上，未能认识到几乎所有的科学领域都在发生改变。其次，当代自由技艺过于依赖理论化，理论常常优先于证据，因此理论会被认为比其实际情况或者比过去以往的经验更具有权威性。再次，当代自由技艺过于强调政治分析，这就排斥了其他类的调查分析，限制了其他观点的出现，而且会导致政治诉求被误认为是既成事实。最后，自由技艺的“含混不清”似乎永无改变，迄今还没有客观的方法来评估自由技艺中所谓的真实说法，所以一个还算聪明的人可以在上述情况下，不受逻辑或数据的限制表达任何观点。下面我们会看到，以上所有四个问题都可以归咎于舍弃逻辑，过度依赖于修辞，而只要把重点从抽象转移到实质性的数据上，所有问题都可以得到缓解。

拙劣地模仿科学

第一个问题，拙劣地模仿科学，是由多学科性直接造成的，在自由技艺中为了向解决我们研究的复杂问题更进一步，就需要应用多种学科。正如我们在《贝奥武夫》的案例研究中看到的，在每一次分析复杂现象时，总会有一刻，需要我们归纳多个学科的信息。然而，我们已经说明，每一个学科都有自己生产知识和评估知识的方法，所以试图整合多个学科信息的学者不可能精通所有知识。学者了解的学科知识常常要接受严谨的解析，而对于不熟悉的学科的知识，他们将会不加鉴别地接受或否定。例如，他们会依赖于多数著名学者的评价，或者想当然地认为权威期刊上的信息都是正确的。然而，这样的评估形式产生的结果，最好的情况也许只是不完美，最坏的情况就是具有极强的误导性。最负盛名的大学里最有名的学者常处于事业的衰退期，因此，不再了解当代的研究，且常常故步自封。权威期刊对于新的学者的学术观点会有些慢待及偏见，尤其是当这些新的学者在挑战评审委员会里年长学者宣扬的存在很久并接近固化的教条时，这种现象会表现得更为严重。

虽然分支领域里的学者很可能知道该不该相信某位同事的判断，但来自其他领域的学者就没有任何相关信息，所以必须依赖不适当的替代物，诸如名望、威信和现在已经过时了的在工作上赢得的声誉。当从事的工作在我们的专长领域之外时，便很容易犯错，其中最常见的错误就是“证实性偏见”，只关注那些看上去支持自己已有想法的研究。虽然这并不是说跨学科研究不能得出合理的结论，但我们需要对背景信息研究进行大量的智力投资，需要密切关注在跨学科领域工作的学者们所做的逻辑推理。

例如，一百多年来，从事文学研究的学者认识到，他们可以用从心理学汲取的知识来改善研究，进而提升他们自己学科的分析水平。知道一些作者和读者的心理变化过程，或者即便是想象出来的文学人物的心理状态，对于理解文学作品中许多不同的特点也是极其有帮助的。然而，不幸的是，在文学学者第一次把目光投向心理学，以求获得真知灼见的时候，这一学科完全由西格蒙德 · 弗洛伊德所主导，而文学学者（其数量比真正的心理学家还要多）从此便执迷于诸如假想性心理发展阶段、恋母情结和死亡本能这样的概念。

于是，基于以上理论，一个庞大的知识体系形成了，文学学者们详尽阐述，不断拓展，创造出一整个分支领域“文学心理学”。虽然文学学者经常研读和援引弗洛伊德的作品，阅读其他文学学者对弗洛伊德的解读，但他们没有与心理学的进化保持同步，心理学逐渐认识到，弗洛伊德的许多惊世骇俗的言论有着重大缺陷——那些言论恰恰就是最让文学学者欲罢不能的思想。其结果是，文学心理学没有跟上时代的步法，是不科学的，而且在逻辑上属于循环论证，这不仅仅因为文学心理学回指到自身，而没有指向正在进化的心理学，还因为事实证明弗洛伊德建立理论时，许多理论与其说是基于对病人没有偏见的观察结果，还不如说是基于他阅读的文学作品。弗洛伊德的博学广识，使他不经意间把从病人的案例研究中得来的数据用支持他的文学理论的方式进行解读（证实性偏见）。

一个基于文学的理论被改进后，用来检验文学，随后又被用来证明关于这一文学的结论，所有一切都被安置在被认为是科学的心理学的保护伞之下。虽然历时许多年，但最终新一代的学者们接受了这样一个事实，即弗洛伊德的文学分析建立在心理学理论基础之上这一说法不再被任何心理学研究者所相信，于是文学心理学这一分支学科迅速地衰亡了，今天只有几位年长的教授还在那里苟延残喘。

然而，这并不是说，现在弗洛伊德应该被完全摒弃。事实上，理解弗洛伊德心理学对于研究20世纪文学是非常有用的，因为即便弗洛伊德的许多言论是错的，但大多数20世纪的作家认为他是对的，并基于弗洛伊德理论描述他们作品中人物的心理行为。那么，让我们看看，研究弗洛伊德时，那些文学文本的作者相信是真的东西，就好比科学不发达时医学研究告诉我们，人们相信疟疾来自沼泽地的臭气（而不是来自沼泽地繁殖的蚊子传播的具有感染性的寄生虫），于是搬到气候干冷的地方，试图治愈这种疾病。知道过去人们都相信些什么，是非常有价值的一件事，但想当然地认为那些信念是正确的，并试图用它们来解释某一特定历史时期之外的现象，便不可能产生有用的知识。弗洛伊德理论也许引导我们深入地认识托马斯·斯特尔那斯、艾略特、威廉·福克纳、菲利普·罗斯或者约翰·厄普代克的作品，但如果用在20世纪以前或其他文化中，可能只会让人摸不着头脑。

在人类学研究的应用中，我们可以看到证实性偏见所造成的同样的知识错误。玛格丽特·米德对于在萨摩亚人们自由表达性欲的大多数结论——许多自由技艺学者关于“自然的”或“原始的”性行为的思想都是建立在这些理论上的结果证明是错的，这是因为为米德提供消息的人告诉她的都是她想要听到的内容，而不是处于那种文化中的人们真正做的事。同样，自由技艺学者基于马克思的“劳动价值理论”和他的“贫困化的论点”建立了有关文化和经济的详细理论，尽管几十年来没有任何主流经济学家相信这些特别的想法（大量数据支撑的结论与过时的马克思理论截然相反）。心理学、人类学和经济学的学者已经彻底修改了最初基于弗洛伊德、米德和马克思的工作所建立的理论。虽然这些学科也许把这些知识分子尊为创始人，但现在这些学科都把他们的成果设定在恰当的情境中，而且并不认为这些早期伟人的所有结论在每个细节上都是对的。不幸的是，自由技艺领域的学者却时常认为，早期伟人们的结论都是对的。这就是为什么人们常说，自由技艺就是坏理论最后的葬身之所。这里面的普遍问题就是，自由技艺学者没有接受过评估科学和社会科学研究的训练，所以他们常常到最后使用过时了的或者不可信的概念。人性本就如此，最可能被选择的思想就是那些与研究者的偏见一致的思想。

还有一个与之紧密相关的问题，就是科学理论的使用，不是使用在其原有学科中时那种严格且界限分明的意义，而是像隐喻一样可以被用在任何一种情境。爱因斯坦的相对论当仁不让地是这些理论中滥用情况最严重的，而海森堡的不确定性原理则应该位居其次。在物理学中，不确定性原理认为，在亚原子层面，一个粒子的位置和速度的测量只能达到一定的精确度，而这两个变量的误差结果大于或者等于减少了的普朗克常数。不确定性原理不用于物理学领域内部像行星、陀螺或者钟摆这类宏观物体的计算，更不用说人类行为或者社会现象了。“不确定性原理”和“观察者效应”也不一样，后者指观察者的存在会影响某些实验的结果（这里常常指那些包含社会因素的实验）。然而，自由技艺内部的许多理论都援引了不确定性原理，并声称对于某些事件我们的知识是不完美的，或者声称观察者的存在能够改变人类行为。这一隐喻的错误使用会导致思维错误，这一后果也会发生在“相对论”、语言的“深层结构”、混沌理论中的“蝴蝶效应”和其他已经成为流行隐喻的科学概念的使用中。

对于自由技艺的研究者、教师和学生而言，针对自由技艺的第一个问题的两种变化形式，最显而易见的解决办法就是更多地了解科学和社会科学领域中当代的研究成果。遗憾的是，说起来容易做起来难。虽然一个合格的自由技艺教育是应该包括数学和科学的基础教育，但这样的基础学习并不能教给我们当下科学领域发生的变化。为自由技艺学生所设计的各种概论课上学到的基础科学，与科学家们在研究中正在做的工作常常没有什么联系。虽然基础很重要，但毕竟还只是基础。为了知道当代科学领域正在发生的事，学者需要阅读研究性的论文而非课本，然而，自由技艺的学者都在忙于阅读自己领域的科研论文。到这里，我们似乎回到了开始讨论的问题，即自由技艺面临着评估自己学科之外的信息所产生的巨大困难。

然而，我们并没有全盘皆输。有大量的资源能够帮助自由技艺的专家更好地理解相关的科学领域工作。这些资源中最重要的那部分每天都围绕在自由技艺的师生周围：我们从事科学研究的同事。科学家喜欢讨论他们的工作，而且如果你愿意倾听，他们常常乐此不疲地解释其中的细节，而你也不必一定要告诉对方，他们的科学在你自己的非科学学科框架中有什么意义。当我们试图用他们的专业术语来理解科学，并且没有立即将其拿来批判与政治或文化相关的事件时，科学家们是非常愿意帮助我们的。我发现与科学和社会科学学科的同事的私人关系对我自己的研究极其有益，即便在我出版的技术性和学科专业性最强的著作中，也不乏他们的帮助。例如，在《盎格鲁—撒克逊文学的传统与影响》这本书中，为了理解人类大脑如何进行区分和归类，我需要心理学知识。一位研究认知心理学的同事给我列了一个书单，于是，我花了很长时间研究相关的文献。我非常清楚，自己并没有掌握最开始读的那些文章的微妙之处，而且很可能在开始时过于轻信别人，并受到了证实性偏见的影响，但过了一段时间，我就可以辨识出心理学研究文献中的规则了，我可以清楚地理解其中的观点，并能够认识到哪些地方是研究者有争议的，哪些地方是达成广泛共识的。因为我以更加详尽和复杂的方式理解了人类的区分和归类——如果我只依赖于直觉或者只是用一种文学方法解读这一现象 ，就不可能做到这种程度，所以这项研究让那本书改进了很多。

即使和科学领域的师生关系并不紧密，你还是有许多机会学习这些领域里足够多的知识，至少可以知道他们是如何创造和评估知识的。虽然对于从新闻记者写给大众的文章中学到的东西，我多少有些怀疑（诸如《科学美国人》或者《发现》这类杂志，或者许多宣传科学的网站），但把目标读者设定为大众的且由科学家写的杂志和网站文章（比如《美国科学家》）常常是特别有用的。关键在于使用自由技艺技巧批判其修辞、风格或者政治之前，要尽力用科学自己的术语来理解科学。如果在理解科学内容之后才进行以上类型的分析，那么你就会发现自己能够更好地评估科学领域的知识了。

过度依赖理论

更好地理解科学也是解决当代自由技艺面临的第二个问题——小理论（theory）和大理论（Theory）的误用的部分解决办法。我把第二个理论（Theory）中的T大写，是为了区分两种不同的理论。第一个理论（theory）中用小写的t，是指在某一学科内用来评估信息的一套表述清楚的规则。每个人都需要这类理论，否则我们就无法把事实联系起来，进而得出一个有意义的结论。除非知道用来解释什么是苹果以及苹果如何和橙子产生联系这些背景理论，否则你不可能知道，自己是在把苹果和苹果进行比较，还是把苹果和橙子进行比较：我们需要知道我们是在调查具体的水果，还是在调查水果的图片、水果的颜色，或者营养价值，简单的理论为我们提供评估数据的背景。

简单理论的潜在问题是其需要的抽象概念会覆盖用这一理论所揭示的数据细节。多数自由技艺学者的大脑似乎都倾向于抽象和理论化，可悲的是，创造理论的收益常常要大于收集事实的收益。过于强调抽象和理论，会导致理论压倒数据证据，最终产生不正确的结论。

对于第二个用大写T开头的理论（Theory），以上问题还要更为严重，这一点是当前自由技艺多数学者、学生和批评家们一听到理论这个词就会想到的。“Theory”通常是“后现代理论”或者“批评理论”的缩略形式，这类理论至少从20世纪80年代起就已经在自由技艺中占主导地位，这一说法并不夸张。我认为这就是我们今天在自由技艺发现的一些重要问题的根源。这类理论源自20世纪早期，马克思主义方法论用于文化研究的时候，其中许多理论都是由那些被从德国魏玛——有时也称作“法兰克福学院”开除的那群人创建的，他们的知识的根源部分解释了“大理论”（Theory）在学术界的发展方式。马克思的分析从不简单，即便是其中基础性的文本也需要大量的解读（在这一点上，这些文本就好像接受过训练的牧师才能解读的宗教文本）。于是，在马克思主义内部很快产生了一个传统，即每个社会活动家小组中都应该有一位“理论家”，这个人的工作就是解读马克思主义学说，并确保这一小组都能正确理解它。我所定义的“大理论”（Theory）把那个知识传统从政治行动主义转移到了学术机构中。从20世纪80年代开始，自由技艺中的每一个部门开始觉察到拥有一位理论家（通常被确定为“理论者”）的必要性，这些理论家的出版物主要围绕那些“大理论”的解读，而非自由技艺的传统话题。所有理论家都需要出版，而他们也确实制造了理论话语的激增。理论是建立在前人理论的基础之上的，最终造成了极其复杂的知识建构，其复杂性之大，使得众多学者必须把整个事业投入解读这些知识上。

然而，正如我们可以预期到的那样，当理论主要基于那些有自我指涉倾向的理论被建立起来时，便会饱受证实性偏见之苦，而且冒着与现实脱钩的可怕风险。没有与历史、数据或者实验进行常规性的比照，逻辑上的一个小错误也可能严重恶化或者变得难以理解（或者两种结果都可能发生），这使得即便在像物理学这样既有运算又有逻辑的领域中做必要的过程修正都变得非常困难。在自由技艺中这一问题要严重得多，因为我们通常不能通过做实验来确定我们的理论是否与现实一致，所以解释自由技艺现象的理论很容易掉入循环推理的陷阱。

“后现代的”或者“后结构的”理论，尤其有犯此类错误的倾向，因为那些法兰克福学院的理论家和他们的追随者摒弃了马克思主义经济学的特征，转而遵循理想主义的传统。在马克思的最初的方法中，最具有革命性的东西，相对于其知识上的竞争者使其脱颖而出的东西，就是其对于物质世界的重视、对于经济的和物质的关系的重视已经达到了锲而不舍的地步，而其并不太关注抽象思想或信念体系之间的竞争。即便法兰克福学院的知识分子们一直以意识形态和政治的形式讨论他们最感兴趣的艺术作品的形式特征，然而，他们主要关注的却是政治意识形态影响文化以及表现于文化的方式。因此，大理论（Theory）——正如其在自由技艺发展的情况，几乎变得只关注抽象的思想，而非物质的东西。这类抽象非常强大，但它在知识上也是危险的，因为抽象使得我们非常容易错过有问题的地方，而且还会屈从于证实性偏见或者主观愿望。这恰恰就是发生在许多自由技艺领域的情况：理论取代知识性学科，其程度之彻底，以至于研究者为自相矛盾的数据搪塞敷衍，然后忽视这些数据，而后认为其没有相关性或者有政治偏见而将其摒弃，最终遗忘，所有这一切都是因为这个学科的目标不是解释世界，而是通过改变人们对世界的想法来改变世界。

例如，法国理论家米歇尔·福柯曾主张，科技和社会控制的形式事实上创造出了人们的身份（例如，不是社会控制抑制了人们的“真实”自我，“强大的科技”事实上创造了人们特定的身份）。福柯认为，这些科技和社会组织的形式起源于法国近代之初，并且与工业化联系在一起。然而，福柯声明，身份的具体内容——身份被创造出来，部分是通过让人们从根本上窥视自己的内心，然后向强大的机构忏悔自己的思想、信念和行为——可以证明其早在数百年前，在中世纪时期，没有工业化或者详尽的社会控制的科技体系时，就已经存在了。因此，虽然福柯似乎的确对理解人们的身份是如何形成的，给出了他的深刻见解，或者至少是有趣的新途径，但有关历史的具体言论完全是错误的。他的理论的重要基础是错的，因此理论本身也是错的，但是福柯在理论家中还具有极大的影响力，这是因为他们认为，福柯的思想有助于带来他们期待的社会变革，即便他具体的言论和观点无法通过事实加以论证。

这一观点——直到最近才在自由技艺的学术界传播开来，确实是个问题。在自由技艺中，我们通常不具备做实验的能力，我们只有数据。虽然这些数据可能是混乱的，却是丰富且复杂的，我们不应该随意忽略它们。在科学领域，如果数据与理论是相互矛盾的，那么理论就是错误的，然而，对于那些重视理论的诸多学者而言，如果数据与理论背道而驰，那么数据就很可能是错的，其中部分原因是，他们认为，理论有可能引领革命性的社会变革，对社会而言是件大好事，所以不能摒弃。显而易见，就是以这样一种方式，纯粹的理论规范代替了其他类判断，造成了循环推理，而且最终会导致建立在抽象基础之上的僵化的正统观念强行取代复杂微妙的分析。基于这样一个问题“我的解读是否支撑了这个抽象的理论”来分析复杂现象，相对来说，还算容易的，尤其当研究重点变成了理想主义而非唯物主义时就更容易了（唯物主义最终必须处理数据；理想主义却不是这样）。经过一段时间，以上这种简单的方法一般都会淘汰较难的方法，因为相对于难的方法，简单的方法会更多。

在自由技艺中，追求大理论（Theory）的方式事实上已经起到了淘汰其他方法的作用（虽然这种情况也许已经开始改变）。有史以来针对人类历史和文化的研究应该教会了我们一点，即任何单一的理论方法根本不可能解释人类文化中所有丰富且复杂的现象。然而，由欧洲知识分子组成的在知识上狭隘排外的一个小团体的著作——他们的书多数都有三十年了，在近半个世纪里一直都是自由技艺中的正统。在历史上，唯一持续时间如此之长的知识的时尚要么就是具有宗教性质的，要么就是抽象到毫无用处的地步，只有强行推进“只要对我的团体有益就必须是对的”这样的正统信仰，这些知识才能继续流行。

无论大理论最初革命性的影响是什么，现在其在自由技艺已经发展到了主要用于强化意识形态的地步。因此，大理论对于当代自由技艺中第三个重要的问题的出现也有不可推卸的责任：第三个问题即政治化。

过于强调政治分析

对于为什么以大理论为核心的方法已经堕落到强化政治正统观念的程度，以及为什么其近半个世纪都长盛不衰，我们很可能会在美国学术界的社会组织和阶层结构中，学者们常常不愿意讨论的大学体系的特征中找到某种解释。在所有学术性的学科中，理想的状态是，各种思想依据其自身的价值起起落落。谁说了什么并不重要，只有说话的逻辑内容最重要。实际上，在基于声誉和社会等级的学术界里有着非常严格的“长幼秩序”。你也许会想到，知名大学里的人权力最多，但你想不到，他们能拥有较高职位，更多的是因为与社会联系和网络知名度有关，而很少与他们思想中的知识性内容有关。在这样的体系中，工作质量和社会奖赏之间只有不可明示的关系，处于较低社会等级中的人们面临着巨大的压力，把自己的价值展现给他人，希望被选中进而进入团体之内。在过去的几十年间，这种显示价值的行为很可能是通过公开表达其在宗教上的正统信仰来实现的。今天，虽然宗教被政治所取代，但展示正统思想即可获得奖励的做法仍然根深蒂固。在学术界的上层，存在着一种把意识形态政治和个人政治等同起来的无意识的假定，这一推断就是：主动把意识形态政治置于数据和史料之前的那类人也可能主动地把个人在政治上的忠诚置于宝贵的抽象理念之前。如果为了在某些政治问题上（任何问题都可能）站在“正确的”一边，你可以忽视学科中自相矛盾的史料和数据，那么你也很可能愿意推进你的朋友和盟友的事业，即便他们不一定应该得到这样的奖励，这一形势给显示价值、正统观念和裙带主义的进化造成了巨大压力。我确信，在学术界“曾经就是这个样子”，但自由技艺中对于意识形态统一性和显示价值的需求，在我看来，似乎就像一点点吞噬人的癌症。因为我们没有科学具备的更加坚定的纠错机制，也没有数学具备的严谨的逻辑传统，所以我们要逃离这些知识的和社会的陷阱更是难上加难。

正统理念的政治和裙带关系的做法似乎都与自由技艺最优良的传统背道而驰，这些传统即包括在论证问题时就事论事，不需要考虑是谁在论述以及这些论点是否有利于某个人的派系。然而，在历史上，自由技艺一直与这样或那样的政治联系在一起，注意到这一点是很重要的。就其名字而言，自由技艺（the Liberal Arts）即适合“自由”人的学科，既然自由人的范畴暗示着不自由的人的存在，那么这一名称本身就有着政治上的暗示，因此在一个等级森严的政治秩序中，学习自由技艺能够帮助人们升入社会上层。自由技艺和政治之间的联系因此是不可避免的，这主要因为——正如我们在第三章中讨论的，作为“统治工具”的自由技艺给予在这些学科受教育的人们以管理他人的能力，其中还有明显的政治暗示，即这样的社会工具在整个人口中的分配必然是不平等的。自由技艺与政治的联系，因为二者在本质上都没有道德内容，所以进一步深化。我们在第四章也论证过，虽然学习自由技艺似乎可能会让人变得更好，却不能保证让每个人都变得更好，所以不断努力把自由技艺研究与政治或道德教导融合在一起，这样的做法非常常见，这样做最简单的方式就是在整个自由技艺强行灌输政治的或是宗教的正统理念。

然而，思想史的研究表明，强行灌输的正统理念，虽然通常会有立竿见影的效果，但长期看来总是失败的，这是因为正统理念变成了自我指涉系统，必然会逐渐丧失描述真实世界的能力。最终，正统理念所主张的东西与真实现象之间区别之大，以至于必须摒弃正统理念，才能保存逻辑推理的价值。我认为，我们刚刚到了这样一个转折点，在当代自由技艺中意识形态强化的强度和力度表明了近半个世纪的正统理念正在削弱，但只有时间会告诉我们答案。

通过政治权力实施的正统理念与建立在逻辑基础之上的分析机制之间的矛盾给我们带来了自由技艺面对的第四个主要问题，也是从事科学研究的同事觉得最让人厌恶的问题。

模糊不清

不容否认，与科学甚至某些自然科学相比，自由技艺中的许多学科都是“模糊不清的”或者“无聊肤浅的”；个人的观念、情感和意见在分析中起着巨大的作用，政治和利己主义在分析中的作用也是如此。当科学家们对此忍无可忍的时候，他们坚持认为，一个聪明人能够在所有自由技艺中做任何一种论断，只要这一论断对于学科中的其他学者是有用的，就会被接受。依据这个观点，自由技艺的事实就是任何能够说服人们相信的事。

这和柏拉图批评诡辩家们的情况如出一辙，柏拉图认为诡辩家只在乎辩论的输赢，而不在乎发现和传播真理。柏拉图相信哲学这个思想性的学科可以防止唾手可得的“社会事实”篡夺逻辑事实，科学家依赖于实验和数学分析来规范他们的推理。理查德·费曼曾经说过，在科学领域，“你的猜测有多么的美妙，是没什么用的。你多么聪明，谁做出的猜测，或者他的名字是什么，这些都没什么用——只要与实验结果不符，那个猜测就是错的。这才是与猜测有关的事。”科学家有理由担忧自由技艺会缺少像科学那样有效果的纠错机制。

我不否认，这一评论确实言之凿凿，科学最好的情况是主要建立在逻辑和实验的基础之上。而自由技艺最坏的情况是主要建立在修辞、政治和利己主义基础之上，其中部分原因是原来自由技艺中那些最适合实验和纯逻辑方法的学科已经成了科学。然而，科学不总是处于最好的情况，而且，幸运的是，自由技艺也不总是处于最坏的情况。

例如，就有这样一个关于错误科学论断的漫长悲伤的历史故事——即便这些理论没有强大的逻辑或者实验证据支撑，这些错误的论断还是通过修辞的力量成为业内科学家公认的信念。例如，从1912年到20世纪60年代，尽管越来越多的证据表明阿尔弗雷德·韦戈纳的想法是正确的，但地理学家们还是激烈地驳斥他的大陆漂移理论。虽然就驳斥本身而言也许并没有毁坏别人的名誉，但其恶意攻击大陆漂移理论和韦戈纳的方式（他们骂韦戈纳是个怪人，时而那些提出他的想法的人们会被嘲笑，甚至在会议上被起哄，轰了出来），表明修辞能够非常有效地支持在制度上权力强大的科学家的利己主义。半个世纪以来，虽然社会现实战胜了自然现实，但最终物理证据的积累和理论的完善说服了地理学家改变其想法（或者，更加准确地说，那些拒绝相信大陆漂移学说的科学家都灭绝了，取代他们的是熟悉证据且不认为这一观点有威胁性的年轻一代），于是，板块构造论领域在韦戈纳的思想基础之上诞生了。由近五十年的错误推理损失了创造知识的机会，对于科学家个人的不公正对待——他没有活到看见自己的学说被证实的那一天，实在让人叹息不已。然而，终究是逻辑和实验的力量超越了修辞的力量，科学领域的纠错机制还是发挥了作用。

自由技艺的纠错机制，至少以其理想的状态，与科学领域的纠错机制是相似的。无论理论多么地吸引人，无论数据是实验性的、历史性的还是现象学的（例如，学者的个人经验），它都应该对数据做出说明。正如在科学领域一样，不能对数据做出解释的理论最终应该被那些能够做出解释的理论所取代。然而，自由技艺所生成的各种数据数量过少，所以比科学领域的数据更容易受到观念和偏见的影响。因为可以用多种方法解读的模糊数据不大可能与既定的理论相矛盾，所以为了让既定的学术性学科的成员信服，可能需要更大比例的模糊数据，由此造成了自由技艺的纠错速度慢于科学领域的纠错速度。还有，过于强调理论化会妨碍研究者注意到相互矛盾的数据，因此会降低修订和改正理论的速度。然而，无论快慢，只要自由技艺的学者需要逻辑推理，需要继续保存和收集数据，错误最终都会被修正过来的。

可喜的是，几乎所有的学者都很重视以上做学术的要点，尤其是在传统自由技艺中学者自己所在的分支学科的情境下更是如此。在逻辑推理有缺陷或者忽视矛盾数据的前提下，得出的错误结论在分支学科内部不像在更具有概括性或抽象性的工作中那样常常可以被发现。过多的抽象、解读或者理论会导致学者距离数据越来越远，最终根本注意不到重要的纠错信息。抽象与数据的距离越远，这中间的间隔就越可能被主张、偏见或者政治正统观念所填满（我假设存在这样一种守恒定律，这一定律促使被解读了的政治正统观念的强度与研究者考虑在内的数据的数量成反比）。

分支学科通常非常重视数据，因为正是数据使得分支学科的重要性凸显出来，并因此得以保持独立个体的身份。文艺复兴文学的学者在英语文学领域中具有非常重要的地位，这并不是因为他们普遍做的工作（这些工作，顾名思义，任何一位英语学者都能做），而是因为他们有着文艺复兴文学领域之外的人所没有的具体知识。那么，对于这一分支学科最有益的是，确保其数据是独一无二的，准确的并且涉及面够广，这是专业化需要的必要条件，同样是这类数据还可以被用来纠正错误的解读或者理论，因此分支学科强调研究的重要性可以部分解决自由技艺模糊不清的问题。

分支学科谨慎地组织数据，他们还关注学科历史的保存和传承，因为一个领域的思想史，一定程度上可以使自己在更大的统领性的学科内部与其他领域区别开来。因为过去获得数据的方式为那些数据提供了情境，一个领域的思想史就是元数据，它使得这个领域的信息更有价值。例如，如果研究盎格鲁—撒克逊文学，这类文学创作于公元600年至1100年，我们很快发现特定文本被保存和研究的原因，与那些文本在1600年至1900年被用作政治活动的支撑性史料的方式有着重要联系。学习盎格鲁—撒克逊研究这个学科的思想史，使得我们不仅能够阅读文本本身，还能够理解文本被后世读者误解的许多方式，而这反过来有助于我们认识到我们自己可能误解文本的不同方式。然而，了解这一领域的历史并不能消除证实性偏见，但是关于信息过去的使用方式的元数据确实有助于我们抵制个人欲望的影响，并由此纠正我们的解读和理论中的缺陷。分支学科的知识严谨性，因此，能帮助我们抵制自由技艺内在的模糊不清的特性。我们了解得越多，越能把某一学科思想史的信息置于大环境下考量，距离创造出像科学领域那样持续发现真理的方法就更进一步。

所有四个问题——拙劣地模仿科学、过度依赖理论、政治化和模糊性——都很严重，并且急需当代自由技艺的学者加以解决。然而，正如我们所看到的，解决方法是有的，所有四个问题的解决方法都可以归结为一条准则：学无止境。为了消除坏的或过时的科学所造成的影响，就要多了解当前的科学。为了避免过于理论化，就要多了解理论试图描述的现象的具体细节，这样你就不会接受过于笼统的概括。对抗政治化，就要了解学科完整的思想史，这样，理论和数据就可以在完整的情境下而不仅仅依据当前的政治问题被解读。减轻自由技艺的模糊性，就要了解分支学科评估和归纳信息的方式的细节。学无止境！解决自由技艺的问题，需要在这一领域做更多更好的工作。

CHAPTER

8

自由技艺的无限可能

当代学界对自由技艺的四种批评

我已经教授自由技艺近二十年了，所以上一章所做的批评属于一位业内人士的观点。虽然在给出那些问题时，我尽可能做到言之凿凿，不带偏见地摆出数据，但还是不可避免地被我自己的利己之心所影响，所以读者应该多多少少对我在问题的选择上和提出的解决办法抱有怀疑态度。外界对于自由技艺的批评与我提出的四个大问题凸显出来的要点不同，两者通常聚焦于一些不太一样的问题，认为那些批评不重要，是不明智的做法。当局者迷，旁观者清，尤其是维持当下的社会约定，关系着当局者的经济、政治和个人利益的时候更是如此。所以，在这一章中，我将给出旁观者经常提出的针对自由技艺的四项重要的批评，在与我第七章的论点背道而驰的地方，我会试图驳斥它们。这一章，我将为自由技艺辩护，同时也是以含蓄的方式歌颂自由技艺的价值。

在2013年，当录制最终形成这本书的音频课程时，我就说过，当前，在文化层面给予自由技艺的尊重处于我有生以来见过的最低谷。可悲的是，今天我还可以一字不差地这样说，而且说实话，在美国制度化了的自由技艺其声望已经进一步下滑。任何一位读者都不难猜测，我肯定认为以上情况是非常可悲的发展状态。自由技艺的价值越被低估，从学习自由技艺中获益的人就越少。对于整个文化而言，这无疑是件坏事，因为整个文化由此被剥夺了优秀的领导才能——这一才能要通过学习自由技艺获得提升（对我个人来说也是件坏事，因为对这个学科越不尊重，我可教的优秀学生就越少）。

有时，针对自由技艺研究的制度形式，在当代美国学术界中似乎每天都会有新的批评。个人批评的数量非常大，这些观点出现的速度以及表述观点时的情绪在2016年总统大选后一直处于上升与激化的趋势。所有这些论点大同小异，多多少少都在强调当代自由技艺的不同特征，但我觉得把这些观点分为四组基本的批评还是可能的。

（1）把自由技艺的花费和研究科学得到的回报相比，研究自由技艺的经济回报还不够。

（2）现在用在自由技艺的资源，如果被重新指派，用来支持科学领域，将会为社会带来更大的收益。

（3）当前的自由技艺在政治上几乎是完全左派的。其学术机构对于其他观点不仅排挤，而且极为敌意，所以那些持有这样态度的人没有任何理由继续资助他们的对手。

（4）学习自由技艺不但学不到什么有价值的知识或技能，还是一种非常昂贵且消耗时间的社会信号形式，其真正目的是维持社会等级。

还有些同事提出，自由技艺没有受到广泛支持，其原因是人们的观点被欲壑难填的企业所掌控，他们寻求那些没有思想的闲人，使其在装配线上工作，因此不希望个人具有自由技艺研究给予的思维能力。还有些人说，理应属于自由技艺的资源被科学盗取了，部分原因是属于科学的学科受到军工综合企业的支持，而这些企业对于科技武器的重视远多于文化。

为自由技艺辩护

教育，尤其是专业教育，就是一场零和博弈。如果你花几个小时学习文学，就不会再把这几个小时用在学习物理上，所以就根除对文学的要求，专注于物理和其他科学，这样做，从理论上讲，会让学生拥有更多的科学知识。同理，把自由技艺的资源转移到科学上（例如，雇用更多科学领域的教授或者设置更多的科学奖学金），从理论上应该会带来更大的成就，因此，会从实质上改善人们的生活。

然而，我们不能确定，把更多资源投入科学中就一定会得到更好的结果。其中可能存在一个回报率减少的时候，因为所有具有足够科学能力的人都已经在科学和技术领域工作了，这种情况也是可能的。如果这样的话，以这种方式转移资源只会培养出更多平庸的甚至坏的科学家或者工程师，学科内部存在这样的人，只会妨碍而不会加速学科进步。的确，科学与技术学科相对于需要科学成果的迫切性，其更需要的是有效的沟通和领导才能，当代社会许多最重要的问题都需要大的团队来分工合作。虽然科学家们愿意相信，自己像《星际旅行》中的斯波克先生一样理性，主要由科学家构成的机构，和任何人类的组织一样，也需要有人领导和组织。事实上，让一群非常聪明的人在一起合作，常常要比组织那些不那么天资聪颖的人困难得多。领导科学家就像把猫赶在一起一样困难：如果一个房间里有十二个博士，那么就会有十三种观点，在这种情况下，一位有效的领导者要比一位科学家有价值得多。因此，自由技艺的训练，即便在科学进步在政治上、社会中和文化上都处于优先地位的情境下，也是非常重要的。

由此，一个社会决定把科学、技术、工程和医学作为优先发展的学科，并不一定就会导致自由技艺有所损失。首先，消灭“三艺”学科就是不可能的事，因为和需要数学与基础科学教育一样，每个科学领域也都需要语法、逻辑和修辞这些基础教育。然而，也许更重要的是，在自由技艺中发展的这些技能会改进科学本身，因为解决复杂且界定不清的问题的能力可以与具体科学方法的训练完美地结合在一起，这“两种文化”的两个方面作为知识基础在实际应用中相辅相成（我把在科学和自由技艺之间的转换看作一种智力上的“跨界训练”）。

现在我正在做一个通过电脑辅助数据分析来确认文学文本模式的项目，这一方法，我们称为“词法组学”（Lexomics），一直非常成功，比我们根据导入的数据所做的预期还要成功。

几年前，我参加了在圣菲研究所举行的研讨会，在那里我见到了默里·盖尔曼，他在1969年由于基本粒子（他还将其命名为“夸克”，借用詹姆斯·乔伊斯的《芬尼根守灵夜》中的一个词）的研究工作被授予了诺贝尔物理学奖。当时，我正纠结于该如何解释用词法组学方法对《贝奥武夫》进行调查得出的初步结果。虽然我知道，那些对诗歌中词汇分布进行层次聚类分析所得出的让人困惑且矛盾的结果，一定存在某种模式，但我就是无法捕捉到其深层逻辑。那时，我听到盖尔曼教授讨论，他是如何给那些他发现于20世纪五六十年代的似乎不断激增的基本粒子（所谓的“粒子动物园”）带来秩序的，他找到了他称为“八重道”的模型，这个词借用于佛教的“崇高的八正道”。我开始钻研盖尔曼的研究，最后终于理解了，一套相对小而简单的物理特征的组合可能性，就能够解释被发现的所有粒子。我知道，盖尔曼借用文学作品中的词汇“夸克”或者“八重道”，不仅是一种聪明的标记方法，事实上还展现了，对于文学、哲学、语言、宗教和历史的深刻了解是如何为重大的科学发现做出贡献的。盖尔曼对于传统自由技艺的博学广识与他的科学和数学知识结合起来，即便在缺少一个关键证据的情况下，还是使他在大量复杂且不完整的数据中洞察到了深层次的均衡与对称（1964年发现的带负电的Ω粒子是对盖尔曼理论的进一步证实，这一发现让人振奋）。

这就是自由技艺思维通向更好的科学的有力证据。我自己的工作就是科学改进自由技艺的例证，在我研究盖尔曼的工作后，我突然意识到，《贝奥武夫》的词汇组学数据分析得到的最初复杂且让人困惑的结果，可以用分析方法通过用一个非常简单的深层框架进行检测的方式进行解释。如果没有科学与自由技艺的互授精华——正如这一互授发生在盖尔曼身上，也发生在了我身上；正如其用特定的技术做到互授一样，还用思维方式做到了这一点——就不会有我的《揭秘〈贝奥武夫〉》这本书。

许多自由技艺采用的这种定性的、初步近似的方法——这类方法已经演化，能做到试图从不完整的、模糊的或者自相矛盾的数据中得出结论，是为获得科学或者技术成就迈出的极其重要的第一步。在词汇组学数据研究中，不止一次，我粗略拼凑出一个不好用的、混乱的且一次性的问题的解决方法，而那些问题常常让我的研究伙伴望而却步，这是因为他们接受的是计算机科学训练，因此对于简洁性和清晰性要求极高。“那个真是太劣质了！”勒布朗教授说道，当时我正在向他演示，我们如何用一种简单的方法去数每行文本中某些字母的个数，并手动输入到电子数据表中，用滑动平均数计算相对频率这个比值，制成图，随后可以用这个图找到群集或空缺的字母。虽然这是一个不简洁的“劣质品”，但我的合作伙伴和我能够把这个即兴想法变成一个有效的分析技术，做出定制软件，使我们能够在任何一个电子文本上（即使文本使用的是非罗马字母）操作这个“滚动窗口分析”。这个新技术，据我们所知，由我们发明，同时已经创造出了关于过去的让人惊讶的新发现，如果没有自由技艺赋予的那种思维方式，它就不可能被研发出来。

因此，虽然我非常重视科学和技术成果，但花在自由技艺的资源如果被用来给予科学性学科以额外的支持会产生更好的结果，对于这一结论我无法认同。自由技艺不仅消耗更少比例的资源（对于多数研究，我们只需要书和教室，这远没有实验室、仪器和试剂昂贵），而且为人类付诸努力的所有领域做出了巨大贡献。希望收获最大回报的社会，不会为了科学牺牲自由技艺，而且将找到把自由技艺和科学结合起来的方法，这样两者才能互利互惠。

有人说这些学科已经完全政治化，倒向了一方（左派）——对我而言，尤其是在2016年总统大选后，在美国当前极度拥护自己所属党派的政治气候下，解决起来是最难的，也是最让人不快的。在我看来，不煽动人们的情绪，几乎就不可能讨论政治问题，所以我担心，这一章的这个部分，我尽可能不偏袒任何一方，但还会激怒多数人，愉悦少数人。然而，如果避免讨论或者有意忽视这一批评意见，会削弱这本书的主旨。对自由技艺最有效的辩护需要我们采用言辞最激烈的、情感上最有感染力的论点来反驳那些批评。

美国即便作为一个整体在政治偏好上也是均匀分布的 ，谁要否认这一点，就是愚蠢之极，在美国高等教育中教自由技艺的教授中占压倒性的大多数都属于政党派别中的左派。广泛的调查数据以及政治捐款所揭示的偏好表明，80%到90%的教师普遍支持左派政治，我相信，即便这两个比例再高些还是低估了自由技艺在政治上的倾斜性。在惠顿学院，有120位教授，据我所知，只有一位同事是公开的保守派，而他十年前就退休了。对于一个自由技艺的学者来说，这并不鲜见，而且我认为在自由技艺中属于政治派别中右派的学者的真实数量接近1%，而不是20%。

许多年来，自由技艺的捍卫者们一直争论说，事实上学术界的政治倾向并不像其看起来那样一边倒，由一个党派控制的自由技艺是一种假象，虽然教授们也许声称自己是左派，但他们的个人政治立场私下里是保守派。我不明白，为什么有人会认为以这种方式否认现实是个好主意，但幸运的是，这样的否认基本上已经消失了，多数学者现在都承认自由技艺教师队伍的构成主要是左派。

对于政治立场的倾斜，可能有如下可能的解释。左派观点是有如下三个促成因素：

1. 自由主义者比保守主义者更聪明，学术界偏向于非常聪颖的人，所以相对于保守主义者，有更大比例的自由主义者最终成了教授。

2. 保守主义者比自由主义者更在乎钱，做学术的经济回报要比在其他领域工作少，所以有更大比例的保守主义者从学术界被吸引到其他领域去了。

3. 自由技艺就其基础而言就是左派的，因为研究自由技艺最终会认为这世界更适合自由主义政治。保守主义的学者要么随着对自由技艺研究的深入变成了自由主义者，要么拒绝进入学术界，因为自由技艺研究将会给他们造成不愉快的认知分歧。

相对而言，在解释学术界的政治不平衡方面，保守主义者的观点就简单多了，他们认为这是因为左派掌控了学术机构，随后针对保守主义学者进行了几十年的政治清洗，从在智力上贬低保守主义学生的观点到恐吓保守主义同事，再到阴谋抵制雇用保守主义者甚至抵制他们在校园里发表言论，通过这一系列行为，维持激进的政治正统观念。依据以上观点，自由主义学者阻碍保守主义学生进入研究生院，然后恶意歧视那些在学界寻求职位的人，通过欺骗和强迫维持左派的政治正统观念。那么保守主义者在学术界代表人数过低，不是因为其缺乏智力能力或者意愿，而是因为他们从未被给予公平的机会进入这个职业并且升迁。

对于学术界政治立场的分布，自由主义者和保守主义者的解释基本上都是为自己辩驳。两种说法都不能解释所有数据，鉴于美国学术界自由技艺的历史，两者都不完全有道理。然而，我相信，无论多么委婉，两者至少与事实都有些关联。

三个左派主义解释中最无力的主张是，自由主义者就是比保守主义者聪明，其暗示的逻辑是，为了成为自由技艺的学者，一个人必须非常聪明，而且最聪明的人更可能持有自由主义的政治观点，这点自鸣得意的修辞没有什么现实基础。那些在商业、医学、政治和工程领域已经达到了精英阶层的人们（如果不是更聪明的话）和在学术界达到这一阶层的人们至少是一样聪明的，但是那些职业在政治观点上的分布与人口的分布没有显示出与学术界同样极端的差异。粗略地研究一下历史，我们也会知道，虽然人们很普遍地认为智力上的优势与既有的政治观点相关，但被认为与智力优势相关的政治立场是不断变化的。一个世纪以前，学术界在政治上是保守主义，但当时教授的聪明程度丝毫不逊色于今天的教师，组织内的人总是声称自己要比组织外的人聪明些。当代自由技艺学科是左派的，因为左派的认识要更聪明些，如果这个想法有那么一点点道理，那么也许这种特别的聪明就是当前自由技艺中最受器重的“能言善辩”——这种聪明也许与现在自由技艺政治派别倒向左派的联系还要更紧密些，但是即便这一判断是真的（对此我还是抱有怀疑态度），从历史上看，语言修辞技巧与任何一种政治结盟都没有联系。

在政治派别中，处于右翼的人们比左派人士更注重经济回报，因此对当教授不太感兴趣，因为学术界事业的平均收入没有在其他领域工作高，以上观点的优点在于，其不像自由主义者比保守主义者聪明的观点那样毫不掩饰其傲慢与偏见。这一观点没有暗示倾向于右派政治的一半美国人中，没有足够多的聪明人能填补自由技艺的教师职位，这一对当代政治倾向一边倒的解释暗示我们，如果没有被吸引到更高收入的领域，聪明的保守主义者可能成为教授。然而，在第二种解释中也有些偏执的地方，不仅仅在于其对保守主义者和金钱的粗鲁概括，还在于一个不言而喻的假定，即不太重视经济上的成功在伦理和道德上就会高人一等。相对于那些从事商业、工程或者医学事业的人，自由技艺教授事实上没有那么在乎经济上的成功（据我个人经验，自由技艺教授们更在乎），想证明这一点也不容易。相反，学者们也在最大化他们自己的经济回报，这才可能是事实，只不过他们的才华和兴趣正好在那些提供及时性经济回报较少的学科。从保守主义一方看，对于这一政治倾向一边倒的偏执的解释是，自由主义者就是不擅长那些更加有价值的学科，所以他们被吸引到不太有用的学术事业上。然而，两种解释都建立在一种假设上——自由主义者没有保守主义者那么看重经济回报，这就解释了在学术界前者与后者的比例是9：1的事实——而这一假设是没有太多证据支撑的，这主要因为学术界的非金钱回报，包括暑假不用上课，为了进行研究而定期休学术假期，有弹性的日程和社会声誉，所有这些都有着巨大的价值，所以当选择职业时，这些也是成本效益预算的一部分。如果我们把成功的学术事业带来的非金钱回报考虑进来，自由技艺教授得到的回报与其他职业相比，差异就没有那么大了，这一点严重削弱了以上观点。

关于政治派别倾斜的第三个左派的解释是，自由技艺本身从根本上说是左派的，他们的研究最终会让一位学者或学生明白，左派的思想才是真理。依照这样的观点，那些献身于研究自由技艺的保守主义者最终会发现，他们的偏右思想是错误的，其结果是，要么成为自由主义者，要么觉得不适应，进而停止对自由技艺的研究，最后离开学术界。我认为，我的大部分同事真的相信，他们的思想和立场是合乎逻辑的。然而，即便只是美国学术界过去一百年的思想史，也再次表明，每个政治立场都被那些持有者视为逻辑推理的必然结果。无论是传统的自由技艺本身，还是任何子领域产生的具体知识，都曾被认为是支撑了极其广泛的政治见解，而且这些政治见解往往是完全相互对立的。先前几代学者肯定地认为，他们对人类历史和文化的研究可以为他们所偏爱的社会组织形式辩护，显然，这与我们今天的研究是不同的。

如果历史发展确实具有方向性，如果每一代人在其文化中都必然向着某种完美状态发展，那么以上论点或许还有救。今天，自由技艺机构必定比前几代人要好一些，而且，我们可以相信，下一代会更好。说到科技和我们对于自然界的知识，每一代都要超越前人（至少从古罗马灭亡之后从西方文明的衰败中恢复过来开始）。然而，要说明科技进步和政治或文化进步两者并驾齐驱，却很难用事实加以论证。18—19世纪的辉格党人和20世纪最初的马克思主义者都认为，历史必然向着他们偏爱的社会组织形式发展。然而，尽管他们各自想象的完美社会是建立在同样的基本物质基础上，但两者还是明显不同，无论如何，历史的实际路径根本就不是他们的理论可以预测的。没有客观的证据能够让我们得出这样的推断，即文化或政治必然向着终极完美的形式发展。

这一观点的形式虽然相对弱化且不够决断，却的确包含一些真理。正如我在上文中讨论的，学习自由技艺确实可以让我们更清楚地理解人类及其作品——这才是学习自由技艺的所有目标，对人类有了更好的理解，会促进人类更好地进行决策制定，包括政治决策。因此可以说，至少有相当多的自由技艺教授，是可能通过对人性进一步的了解形成自己的一套政治观点的，这种了解来自他们的学科。然而，在实际的政治观点中，这种自然产生的差异，据说来自对人性的更好理解。这表明，第三种解释也是不够充分的。

对于自由主义政治在自由技艺中占绝对优势，保守主义者的解释也是不同的。保守主义者没有责备自由技艺学术界基础结构特征的不平衡，或普遍的个性特征，而是把政治倾斜归咎于有意行为，首先由左派掌控，然后把政治正统观念施加于知识分子组织这样一个多年的阴谋。

从20世纪60年代起，美国学术界左派开始从保守主义者手中把权力拿了过来。在二战后期的整个阶段和二战过后，大学教授要比大众更加保守；从20世纪80年代开始，保守主义者的以上看法是对的。但无法完全确定的是，这种意识形态的变化是共谋，甚至是左派有意为之的结果。意识形态的转变与教师队伍人口构成发生的巨大变化同时发生。在二战之前，美国教授在伦理道德、社会、文化和经济领域要比二战之后同质化得多。二战后，高等教育大范围扩张，给大学带来了新学生，因此还带来了新师资，这些教师的种族、民族和阶层背景比之前要广泛得多。

意识形态常常随着人口的变化而发生变化（或者，用马克思的话说，意识形态起源于阶级利益），所以人口的变化可以充分解释意识形态的变化。

然而，虽然我认为教师队伍中社会、民族和经济背景的变化是最初造成自由技艺教师中意识形态一边倒的非常重要的促因，但我并不认为当前的意识形态一元化完全是这个原因。过去二十年，我见过许多对保守主义立场和持保守主义者的敌意（既是有意的也是无意识的）的事例，我发现，美国学术界，尤其是自由技艺，对于持保守主义的学生或教授来说，是一个非常不友善的环境。虽然我并没有在研究生院目睹公然的歧视，但我确实注意到有两三位我认识的公开的保守主义学生，他们的想法经常在课堂讨论中被老师和同学轻视，而且我也听到过有教授和研究生在他们不在场时，用轻蔑的语气谈论过这些学生。更糟糕的是，我在惠顿学院认识的那位公开的保守主义同事的情况，他有意回避社交活动，他的道德观和政治立场经常受到其他极少数教师的批评（有些教师在学校里受到广泛的尊重而且具有一定影响力）。当我把这件事讲给来自其他学校的同事时，发现这样对待一位持不同政治观点的同事的做法，没什么可惊讶的，这类事情，那些同事都有自己的版本。即便没有官方公开地歧视保守主义者（虽然有些机构确实存在这种情况），知识界和社会环境肯定不鼓励有这些政治观念的人选择学术事业。

因此，保守主义者的主张还是有些真实性的，他们认为，当代学术界对某些观点在社会、文化和政治方面都是一种带有敌意的氛围。然而，这是否就是在教授中存在这种大规模政治倾向的主要原因，要确定这一点更是难上加难。我认为，当代自由技艺中的这种对保守主义者的敌意（无论其最初原因是什么），夸大了其他促因的作用，并不是全部的解释。

自由技艺的历史表明，虽然这样的政治单一化会持续很长一段时间，但权力的均衡也可能发生剧变。我不知道，在政治方面，自由技艺的未来会是怎样，但我非常乐观的是，学生和学者实际要比一边倒的政治立场分布所意味的有着更多的知识和政治自由，因为据我观察，在对待将会成为下一代教师的本科生时，这种政治上不够包容的做法并没有渗透下去。[①]

事实上，我在惠顿的经验表明，即便在政治上处于最左的同事，对那些几乎处于政治派别对立面的学生，也是倾情奉献的。在惠顿，这个马萨诸塞州——美国政治上最左派的州，规模很小的自由技艺学院，没有太多的保守主义学生，但那些公开表达保守主义倾向的最聪明的学生似乎都在接受自由主义教师的积极指导。惠顿的一位校友就是前共和党高级官员，她在整个学习过程中都得到了帮助，而且她的早期事业就得到了我两位同事的支持，他们的个人政治立场（用他们的话说）不仅仅是自由主义，而是引以为豪的左派，他们曾为民主党效力了许多年。而且，这些同事的做法远远超出了学生通常对老师的

① 至少现在还没有。

预期：他们对学生进行一对一的帮助，指导研究工作、安排实习和帮助学生为研究生学习做准备，而且动用自己的一切力量，让学生进入了法学院，后来又让学生在政府找到了第一份工作。

这不是一个孤立的事件，我认为，我们这些教授用心地指导那些政治立场与我们不同的学生，是因为自由技艺教师更看重自己学生的独立精神。我们深爱教育事业，并且愿意与他人分享我们的热情，所以即使有分歧，甚至是激烈的分歧，也比冷漠要好得多。实际上，一位特别在乎政治立场并和我们辩论的学生真正在乎的是话题本身！就有这样一位学生，他/她有足够的知识储备，可以为一个和老师不同的观点争论，实在太有意思了，即便我们不赞同他/她得出的所有结论，最后我们还是转而支持这位学生。那些在学业上接受了这样的智力挑战和帮助的学生，随后很可能进入研究生院，并最终成为一名教师，因此，我们这些教师也许无意中为那些意见与我们相左的新一代学者打下了基础。确实，这样一种活力，也许是给自由技艺历史打上特征印记的教师政治立场发生规律性转变的最后源头。

这样的意识形态转变之所以会发生，还因为自由技艺研究会被各种政治正统观念所腐蚀，这些观念既包括左派也包括右派的。为了让某种政治正统观念继续存在，必须阻止人们知道历史的细节，不能让其接触不同的观点：否则正统观念将经受不住来自数据的不断挑战。[①] 自由技艺的研究既需要知道历史，也需要了解许多思想和信念。传承一个学科的思想史与消除文化多样性的做法是背道而驰的——我从未见过哪位自由技艺教授相信某些统治怪兽试图清除之前

① 强行实施某种正统观念也标志着，这一正统立场是错的，否则就没有必要通过政治或者社会压力施行。

的文化并从“零年代”开始的做法是对的。教授和博物馆馆长现在也许几乎全是左派，但他们的工作既不支持左派，也不支持右派，因为他们的工作超越了政治：除了自由技艺教授，其他所有人都会遗忘被创造出来的政治情境和政治热情，在这之后很久，唯有艺术、文学和音乐还有力量推动我们前行。

即便对于那些在许多方面或者很大程度上认同与主导政治观念持相同观点的人们，当代自由技艺的极端政治化也是让人沮丧的，因为政治讨论总是淹没其他重要的话题。然而，这种政治化也是暂时的：只要历史和文化被保存和传承下来，现在的政治热情终将会退去，并被取代。人们为了这些话题进行如此激烈的争论，为自己的党派努力地掌控学科权力，展现自由技艺的重要性和价值，对于支持自由技艺的人而言，能够注意到这些事实就是鼓舞人心的。如果自由技艺的确是过去时代毫无价值的遗物，可以被忽视，又无伤大雅，那么就不会有人这么在乎并为之争论了。

针对自由技艺最后一个重要的批评观点不是来自学科外部，而来自内部，或者至少来自某个派别的局内人。这些批评者认为，具有结构特征的自由技艺对于维持美国的社会阶层结构起到了重要作用，自由技艺有助于保护当前的社会等级。请注意，这一批评在暗示我之前论证的一个事实，即自由技艺是“统治工具”，但不同的是，在这里，这一工具不是被解读为有逻辑的和解决问题的工具，而是主导社会的工具。

约翰·纪勒利教授就认为，自由技艺教育受到重视，主要是由于它为学生生产了“文化资本”。[1] 这一资本是宝贵的，因为它可以帮助

① 约翰·纪勒利：《文化资本：文学准则的构成问题》（芝加哥：芝加哥大学出版社1993年版）。

那些学生提升其所在的社会等级。这一解读与我对自由技艺价值的论证中的许多元素并不是完全对立的，纵使我会把纪勒利发现的结果叫作“附加文化劳动力”，而不是他的“文化资本”（如果我们打算使用准马克思主义术语的话，我的命名应该是正确的）。然而，我关注的是研究自由技艺以何种方式提高人们的决策能力和领导才能，纪勒利强调自由技艺知识如何被用来标记阶级地位，并由此在社会阶层之间画上界限。

这样看来，自由技艺学科教育非常像几百年前被称为“女子精修学校”的工作。这些教育机构通过训练上流社会的礼仪和习俗，教导来自中上层背景的女子，为她们进入社会更高层级做好准备。女子精修学校主要教导人们学会着装、言谈举止和行动的微妙暗示，而这标志着社会精英地位。在这些学校中，为了进入社会最高层，人们还学习对话时使用的合适话题和结构以及应该持有的正确政治观点。

因为社会信号越难伪装，就越有价值，所以自由技艺学科教育的巨大开销事实上支撑了“文化资本”的论点。在生物学中，由阿莫茨·扎哈维构想出的“不利条件原理”表明，一种动物在代谢作用方面消耗很大且在身体上没有必要的特征——例如，孔雀的尾巴，是为了暗示其对潜在配偶的遗传适合程度，通过展现其拥有高级资源而不断进化。[①] 一个昂贵教育的社会信号同样显示了过剩资源的存在，由此向其潜在的支持者或者配偶表明，拥有这些资源的人的社会地位很高。然而，文化成本这一论点中的不足之处在于，任何一个昂贵的行为过程可以和自由技艺教育一样成为有效的社会信号。如果教育只被单纯地作为一个信号使用，那么教育的内容——即学习的学科，是

① 阿莫茨·扎哈维：《不利条件原理：达尔文之谜的遗失部分》（牛津：牛津大学出版社1997年版）。

什么并不重要，重要的是成本。虽然“文化资本”的论点因此可以解释，为什么人们为他们的孩子选择昂贵且耗时的教育路径，但并没有解释，为什么两千年来贵族只让他们的孩子接受特定的自由技艺教育。这并不是说，读的具体某一本书、观赏的艺术品或者欣赏的音乐不能被用作信号手段——确实，对于通过高级的文化“品位”传达社会信号的现象有着大量详尽的记录，这只是说，除了学习自由技艺，还有许多发出这种特定信号的方式。

出于以上原因，我认为，“文化成本”的假说并不是完全正确的，但正如所有对自由技艺的主要批评一样，这一假说确实有一定道理。学习自由技艺能够而且确实标记着社会等级身份，但更重要的是，它让人们知道，一个人的个人能力和经历。掌握了自由技艺的某个专业，说明一个学生是聪明的且受过专业训练的，所以可能会解决复杂的问题，进行有效的交流并成为某个组织的领导。正如我想要告诉学生父母的：“学习中世纪文学说明你的孩子非常聪明！”除了聪颖以外，人类还重视很多品质，但比起力量、健康或者吸引力，聪颖是很难显现出来的，而且是很容易伪装的。所以有这样一个难以伪装的方式来向潜在的雇主、伙伴、朋友、合作者或者伴侣，暗示你的聪颖，是非常有价值的，这就是我认为“文化资本”没有特别好地描述我们通过教育习得了什么的原因。资本是累积价值，可以在不需要所有者劳动的情况下被用来产生新的收入。自由技艺教育并不会储存那么多可以脱离人而被独立使用的价值（就像一台机器或一个工厂），却可以提高个人的劳动力。掌握一门自由技艺因此暗示着这样一个事实，即这样教育出来的人在将来可以从事有价值的工作。学习自由技艺可以改变你的大脑工作水平，成为熟练运用脑力的思维创新者。

我还没有高傲自大到相信自己可以在如此短的篇幅里驳倒了自由技艺的四个主要批评观点。所有的批评都有些道理，因为当代容纳自由技艺的教育机构是极其不完美的，曾经也是如此。人类的机构都是有缺陷的，学术性的自由技艺没有理由成为一个例外。然而，正如我在这一章和整本书中试图说明的，研究自由技艺所带来的利益甚至超过了当前容纳自由技艺的教育机构的大笔开销。研究自由技艺可以带来物质上的成功和社会进步，这样的学习还是一条通向自我理解和自我实现的途径。

在过去的十年间，我曾录制了十三个大学音频课程。购买这些课程的人主要不是大学生，而是来自大学系统以外的人，一般情况下，其原因是校外的人已经完成了他们在非自由技艺领域的正规教育。我收到的邮件来自律师、会计、军官、银行家、重型设备操作人员、作家、艺术家、喜剧演员、外交官和教师，所有人都告诉我，他们发现了或者又一次发现了自己对自由技艺的爱。他们听我的课，研究这些学科，并不是因为他们认为这样做会产生即时性的物质回报，而是因为学习给他们带来了快乐。

自由技艺是最迷人的学科

在特伦斯 · 韩伯瑞 · 怀特的小说《永恒之王：亚瑟王传奇》中，魔法师梅林教导年轻的亚瑟王，学习是治愈悲伤的良药：

治疗悲伤最有效的方法……就是学习，那是唯一一件不会失败的事。你会变老，身体都在颤抖，你会听着血液流动的杂乱声音侧夜难眠，你会错过唯一的爱，你会看见周遭的世界被邪恶的疯子摧毁，或者知道你的骄傲会在卑劣思想的阴沟里被践踏。对于这一切，你只有一个解决办法——去学习。学习为什么这个世界会事过境迁，是什么让世界发生了变化。那是我们的大脑永远不会疲劳，不会觉得陌生，不会受到折磨，不会恐惧或怀疑，不会担心有一天会遗憾的唯一一件事。学习于你而言，是最好的事情。看看有多少可以学的东西吧——纯科学，世上存在着的唯一纯粹的东西。你可以终生学习天文学，用三年时间学习自然史，用六年时间学习文学。随后再穷极一生学习生物、医学、理论批评、地理、历史和经济，为什么要这样做，因为你可以开始用合适的木头做车轮了，或者花上五十年的时间开始学习如何用剑术打败对手。而后，你可以重新开始学习数学，等待耕种时节的到来。①

自由技艺通过教人们如何思考，通过提供统治工具，来赋予人们力量，让世界变得更好，来赋予人们知识，知道怎样才能做到自己想做的，最终使得人们获得幸福和成功。这些学科把个体和广阔无限的人类知识、成就和经验联系在一起，人们通过学习如何思考，通过与伟大的传统建立联系，进而从过去积累的智慧和错误中受益，努力解决现在的复杂问题并推进知识的界限，创造未来，从而变得更有价值，更通人情。学习自由技艺就是研究人类和人类的作品，没有比这个再迷人或高尚的学科了。

---

① 特伦斯 · 韩伯瑞 · 怀特：《永恒之王：亚瑟王传奇王》（伦敦：柯林斯出版社1958年版）。